부모의 본질대화

안드로메다에서 온 사춘기 아이가
성숙한 지구인으로 성장하길 바라는

부모의 본질대화

엄빠 말은 다
잔소리로 들려!

정원주 지음

프롤로그

자존감 낮고 고집 센 아이가 달라졌어요

얼마 전, 친한 지인을 만났습니다. 오랜만에 방학을 맞은 아이들과 함께 했는데, 저희 가족의 모습을 보며 무척 부러워했습니다.

"어쩜 이렇게 잘 지낼 수가 있어? 애들이 순해. 철도 들었고. 우리 ○○이는 언제 저렇게 되려나? 실은 어제저녁에도 죽고 싶다고 난리였어. 평소에도 방문을 쾅 닫고 들어가는 건 예사에, 무슨 말만 하면 째려보고 말도 마…. 네가 우리 ○○이 상담 좀 해줄래? 아니, 오늘 만난 김에 ○○이한테 조언 좀 해주면 좋겠어."

지인의 자녀는 저희 아이들과 비교할 수 없을 정도로 순한 아이였습니다. 고집 세고 산만하며 충동적인 ADHD(주의력결핍 과잉행동장애)인 저희 아이들과 달리, 손이 거의 가지 않는 아이라며 고마워하던 사람이 바로 지인이었습니다. 그랬던 아이가 사춘기 때문에 갑자기 바뀐 걸까요?

ADHD 아이들은 사춘기가 되면 통상적으로 증상이 심해집니다. 더군다나 저희 아이들은 부모의 이혼으로 불안과 우울, 틱을 심하게 겪었기 때문에 전문가들의 우려가 상당했습니다. 학교 수업만 무사히 마치고 오는 것이 소원일 때도 있었습니다. 하지만 사춘기의 정점인 현재는 매일 사랑한다는 말을 하고 스스럼없이 감정을 표현합니다. 며칠 전에도 아이들은 집이 가장 편안하고 행복한 장소라며, 어린 시절 눈치 보고 숨 막히는 집에서 살았던 저를 진심으로 안타까워하며 공감해 주었습니다. 그리고 제게 이렇게 말했습니다.

"엄마, 화목하고 편안한 집을 만들어 줘서 고마워."

아이들이 처음부터 이랬던 건 아닙니다. 고백하자면 저도 매일 소리 지르고 싸우는 엄마였습니다. 참고 참다 결국 아이들과 다투다 지쳐서 나가떨어지는 것도 부지기수였습니다. 심리 상담과 치료를 받고, 여러 종류의 약을 먹어도 좋아지지 않던 아이들입니다. 병원을 옮길 때마다 절대 약을 끊으면 안 된다는 당부의 말을 들었습니다. 하지만, 그랬던 아이들이 지금은 ADHD약, 불안과 우울, 틱에 관한 약을 모두 끊고 지낸 지 한참입니다.

어떻게 저는 ADHD에 사춘기를 겪는 아이들과 즐겁고 행복하게 지내게 되었을까요? 정말 간단하고 단순하게 정리하자면, 아이들이 아닌 저를 먼저 사랑했기 때문입니다. 그에 따라 사랑이 무엇인지, 어떤 방법으로 표현해야 하는지 생각하고 실행했습니다.

가장 먼저 사랑하는 저 자신에게 하는 말에 변화를 주었고, 점차 아이들에게 하는 말에도 변화를 주었습니다. 저는 그동안 얼마나 저 스스로에게 가혹했고 냉정했는지 모릅니다. 저에게 비난과 비판, 질책과 자책의 말을 퍼부은 것은 남이 아닌 바로 저 자신이었습니다. 저에게 했던 가혹한 말은 익숙한 모습 그대로 고스란히 아이들에게 전해졌습니다. 하지만, 스스로를 사랑하기로 선택하면서, 그동안 다른 사람에게 공감받지 못하는 괴로움과 외로움에서 벗어나 저의 감정과 욕구를 공감하고 이해하려고 노력했습니다.

그럼에도 불구하고, 아이들을 변화시키고 싶은 마음이 들 때마다 아이들이 아닌 저를 돌아봤습니다. 아이들은 뜻대로 할 수 없는 존재, 나와 다른 존재라는 사실을 곱씹고 또 곱씹었습니다. 아이들을 통제하고 싶을 때마다 감정과 감정 뒤에 숨겨진 욕구를 찾고 공감했습니다. 공감을 통해 아이들이 아닌 저에게 초점을 맞출 수 있었습니다. 나 자신에 대한 공감과 이해와 사랑이 커지자, 아이들에게도 공감과 사랑의 말을 할 수 있게 되었습니다. 그리고 말의 변화는 자연스럽게 행동의 변화를 이끌었습니다.

많은 부모님들이 꾹꾹 참는다고 말합니다. 제 지인도 '아이가 사춘기라서 어쩔 수 없이 참는다'라는 말을 했습니다. 저 역시 오랜 기간 참을 인자를 마음에 새기며 엄청나게 참았습니다. 하지만, 참으면 언젠가는 크게 터집니다. 단지 지금 이 순간 폭발하지 않을 뿐, 언젠가는 돌려주겠다는 복수심으로 응축됩니다.

저는 저를 사랑하기로 선택하면서, 더 이상 참지 않기로 했습니다. 그보다는 하고 싶은 것, 유익한 것으로 삶을 채우고 돌봤습니다. 제 삶을 돌보고 윤택하게 만든 것처럼, 아이들 역시 자신을 사랑하고 돌보는 사람이 될 수 있다고 믿었습니다.

사랑은 한계 이상의 기적을 나타내지만, 단번에 나타나지는 않습니다. 저도, 아이들도 한순간에 변하지 않았습니다. 몇 년의 시간이 빚어져 현재의 모습이 되었고, 여러 코칭 사례를 통해 본질대화의 핵심을 책으로 담을 수 있게 되었습니다.

본질대화는 단순한 화법과 스킬을 강조하지 않습니다. 특히 사춘기 아이들은 어떤 말을 해도 소통이 되지 않아서 마치 머나먼 안드로메다에서 온 것 같기도 합니다. A를 말해도 Z로 알아듣는 터에 결국 소통 자체를 포기하기 마련입니다. 다투려는 의도가 전혀 없음에도 소통이 다툼으로 마무리되고, 틀어져 버린 관계가 그대로 고착되기도 합니다. 이런 악순환을 끊을 수 있는 유일한 방법은 곁가지가 아닌 '본질'에 있습니다.

본질대화는 자신과의 진정한 소통과 연결을 통해 자녀는 물론, 사랑하는 사람과의 유대를 회복시키고 함께 성장하는 '회복과 성장 프로세스'입니다. 연결과 단절 사이에서 방황하고 아파하는 과거의 저와 같은 부모님들에게 희망과 실질적인 도움이 되기를 진심으로 바랍니다.

우리의 다양한 감정 목록

욕구가 충족되었을 때

감동받은, 뭉클한, 감격스러운, 벅찬, 환희에 찬, 황홀한, 충만한, 고마운, 감사한, 즐거운, 유쾌한, 통쾌한, 흔쾌한, 경이로운, 기쁜, 반가운, 행복한, 따뜻한, 감미로운, 포근한, 푸근한, 사랑하는, 훈훈한, 정겨운, 친근한, 뿌듯한, 산뜻한, 만족스러운, 상쾌한, 흡족한, 시원한, 개운한, 후련한, 든든한, 흐뭇한, 홀가분한, 편안한, 느긋한, 담담한, 친밀한, 긴장이 풀리는, 차분한, 안심이 되는, 가벼운, 평화로운, 누그러지는, 고요한, 여유로운, 진정되는, 잠잠한, 평온한, 흥미로운, 재미있는, 끌리는, 활기찬, 짜릿한, 신나는, 용기 나는, 기력이 넘치는, 기운이 나는, 당당한, 살아있는, 생기가 도는, 원기가 왕성한, 자신감 있는, 힘이 솟는, 흥분된, 기대에 들뜬, 희망찬

욕구가 충족되지 않았을 때

걱정되는, 까마득한, 암담한, 근심하는, 신경 쓰이는, 뒤숭숭한, 무서운, 섬뜩한, 오싹한, 겁나는, 두려운, 진땀나는, 주눅 든, 막막한, 불안한, 조바심 나는, 긴장한, 떨리는, 조마조마한, 초조한, 불편한, 거북한, 겸연쩍은, 곤혹스러운, 멋쩍은, 쑥스러운, 괴로운, 난처한, 답답한, 갑갑한, 서먹한, 어색한, 찜찜한, 슬픈, 그리운, 목이 메는, 먹먹한, 서글픈, 서러운, 쓰라린, 울적한, 참담한, 비참한, 속상한, 안타까운, 서운한, 김빠진, 애석한, 낙담한, 섭섭한, 외로운, 고독한, 공허한, 허전한, 허탈한, 쓸쓸한, 허한, 우울한, 무력한, 무기력한, 침울한, 피곤한, 노곤한, 따분한, 맥 빠진, 귀찮은, 지겨운, 불만스러운, 실망스러운, 좌절한, 힘든, 무료한, 지친, 심심한, 질린, 지루한, 멍한, 혼란스러운, 놀란, 민망한, 당혹스러운, 부끄러운, 화나는, 약 오르는, 분한, 억울한, 열 받는, 짜증나는, 울화가 치미는

우리의 다양한 욕구 목록

- **자율성**
    자신의 꿈, 목표, 가치를 선택할 수 있는 자유
    자신의 꿈, 목표, 가치를 이루기 위한 방법을 선택할 수 있는 자유

- **신체적/생존**
    공기, 음식, 물, 주거, 휴식, 수면, 안전, 신체적 접촉, 성적 표현, 따뜻함, 부드러움, 편안함, 돌봄을 받음, 보호받음, 애착 형성, 자유로운 움직임, 운동

- **사회적/정서적/상호의존**
    주는 것, 봉사, 친밀한 관계, 유대, 소통, 연결, 배려, 존중, 상호성, 공감, 이해, 수용, 지지, 협력, 도움, 감사, 인정, 승인, 사랑, 애정, 관심, 호감, 우정, 가까움, 나눔, 소속감, 공동체, 안도, 위안, 신뢰, 확신, 예측가능성, 정서적 안전, 자기보호, 일관성, 안정성

- **삶의 의미**

  기여, 능력, 도전, 명료함, 발견, 보람, 의미, 인생 예찬(축하, 애도), 기념하기, 깨달음, 자극, 주관을 가짐(자신만의 견해나 사상), 중요하게 여겨짐, 참여, 회복, 효능감, 희망, 열정

- **진실성**

  정직, 진실, 성실성, 존재감, 일치, 개성, 자기존중, 비전, 꿈

- **놀이/재미**

  즐거움, 재미, 유머, 흥

- **아름다움/평화**

  아름다움, 평탄함, 홀가분함, 여유, 평등, 조화, 질서, 평화, 영적 교감, 영성

- **자기구현**

  성취, 배움, 생산, 성장, 창조성, 치유, 숙달, 전문성, 목표, 가르침, 자각, 자기표현, 자신감, 자기 신뢰

출처: Nonviolent Communication

차례

프롤로그 | 자존감 낮고 고집 센 사춘기 아이가 달라졌어요   004
우리의 다양한 감정 목록   010
우리의 다양한 감정 목록   012

1장 왜 자녀와 말이 통하지 않을까?

문제는 나에게 있다   020
문제 부모가 만든 문제 아이   026
고치려 하지 말고, 받아들임부터 시작해라   032
자녀는 부모의 불안을 잠재우기 위한 도구가 아니다   038
말이 아닌 대화를 하라   044
나는 왜 갈등과 오해의 대화를 하고 있을까?   050
부탁과 요청이 없는 대화는 없다   053
자녀에게 사랑과 공감의 말을 하기 위해 노력하라   058
왜 공감의 대화를 하지 못할까?   061

2장 부모의 언어 습관부터 바꿔라

부모의 건강과 체력은 생존이다   068

가족에게 예쁘게 말한다는 것	073
원하지 않는 것이 아닌 원하는 것을 이야기하라	076
공감에 반드시 필요한 4가지 요소	080
부정적인 감정을 해소하는 법	085
자녀의 성장을 돕는 질문을 하라	090
눈치 보는 삶에서 벗어나기	094
자녀와 소통을 잘하는 부모의 특징	101
잘하라는 말 대신 무슨 말을 해야 할까?	107
칭찬 중독에 빠진 건 아닌지 돌아보라	112

3장 사춘기 자녀와의 대화는 무엇이 달라져야 할까?

원하는 방향과 속도가 아니더라도, 존중하고 믿어라	118
눈치에서 벗어나 나부터 사랑하고 배려하라	123
자녀에게 필요한 것은 뇌물이 아닌 선물이다	128
모든 불행의 씨앗은 비교다	132
지금 당장 부모가 변해야 한다	136
공감의 시작은 자녀의 눈을 통해 보는 것	140
본질이 사라진 대화는 상처만 남긴다	146
아직도 자녀를 이기기에 힘쓰는 대화를 하는가?	150

사실이 아닌 표현 방식의 문제다 156
어떤 말을 가장 듣기 싫어할까? 162

4장 불통을 소통으로 변화시키는 본질대화의 힘

가족에게 진정한 관심이 있는가? 170
감정의 책임은 나에게 있다 176
본질대화는 관찰에서 시작한다 183
대화할 때 정확한 감정을 표현하라 189
내 욕구가 소중한 만큼 자녀의 욕구도 존중하라 195
부탁해야 욕구를 충족할 수 있다 200
명확하고 구체적인 욕구를 표현하라 207
대화의 목적은 승리가 아닌 연결이다 213
무턱대고 따라 하기보다 자녀의 마음을 읽어주라 218

5장 사춘기 자녀의 성장을 돕는 성장 대화의 본질

상대방의 감정과 욕구에 집중하고 공감하라 224
감정 뒤에 숨은 욕구를 알아야 소통할 수 있다 229

먼저 자신과 좋은 관계를 맺어라	234
모든 선택은 나에게 달려있다	237
나는 자녀에게 안전기지가 되고 있는가?	242
본질을 잃지 않는 단 한 사람이 필요하다	246
자녀와 부모가 상처받은 이유는 표현 방식의 차이 때문이다	249
남이라 생각하고 예의를 갖춰 대화해보라	253
통제하려고 하면 더 큰 불안에 빠진다	266
소통과 공감은 꾸준함이 답이다	272
자녀의 불완전함을 수용하고 존중하라	277

에필로그 | 아이의 감정을 온전히 공감하고 이해하는 것	282

1장

왜 자녀와 말이 통하지 않을까?

문제는 나에게 있다

 자녀와 대화가 되지 않는 이유에 대해 생각해 보셨나요? 어떤 이유가 있을까요?

 '아이가 사춘기라서, 이기적이라서, 훈육이 부족해서, 제대로 가르치지 못해서, 예전과 다른 시대적 특징 때문에, 학교에서 도덕과 예절에 관한 교육을 철저하게 하지 않아서….'

 이런 다양한 이유 때문에 대화가 되지 않는 것 같다는 이야기를 많이 합니다. 물론, 이런 이유들로 인해 대화가 잘 되지 않을 수 있습니다. 하지만 이런 이유는 소크라테스와 공자, 맹자 시대는 물론 조선 시대에도 등장한 화두였습니다. 어느 시대나 자녀와 소통이 되지 않아서 힘들어 하는 부모와 어른이 많았습니다. 특정 소수에게만 교육과 지식이 허용됐던 과거와 달리, 현대 사회는 필수 교육이 제공되는 것은 물론 원하는 것은 언제, 어디서나, 누구든지 배울 수 있는 축복받은 시대입니다. 과학과 문명의 엄청난 발전과 쾌거 덕분에 수많은 난제를 해결하고 편리함을 누리며 살고 있지만, 그러나 여전히 대화 문제는 해결되지 않고 있습니다.

대체 왜 그럴까요? 근본적인 문제는 아이가 아닌 '나'에게 있기 때문입니다. 내 문제를 해결하지 않으면 자녀는 물론 다른 사람과 원만하고 원활한 소통은 불가능합니다.

평소 자신이 하는 대화 패턴을 생각해 볼까요? 일상에서 어떤 사건이나 실수가 발생했을 때를 떠올려 보면, 평소 어떤 대화를 하는지 알 수 있습니다. 뜻대로 되지 않거나 실수를 했을 때, 혹은 돌발 상황이 생겼을 때 머릿속에 울려 퍼지는 말은 무엇인가요? 돌부리에 걸려서 넘어지거나 새 블라우스에 커피나 우유를 흘렸을 때, 늦잠을 자서 지각했을 때나 자신 있게 하던 음식을 어이없이 망쳤을 때, 사람들 앞에서 실수를 저질렀을 때 어떤 말이 들리시나요?

제 경우에는 '난 대체 왜 이러지? 부족하고 모자라. 또 이러네, 내가 하는 게 그렇지 뭐'라는 말이 주로 들립니다. 들린다고 표현했지만, 실은 다른 사람이 아닌 내 마음속에서 주고받는 내면의 대화입니다. 내면의 대화는 흔히 '생각'으로 간주해, 대화라고 인식하지 않는 경우가 많습니다.

"제가 바보 같다는 생각이 들어요. 무능력하죠. 엄마로서 자격이 부족해요. 솔직히 뭐 하나 변변한 게 없어요."

그저 생각만으로 멈추면 다행이지만, 생각은 실제적인 말과 행동으로 나타나 판단의 근거를 강화, 고착시킵니다. '바보 같다, 부족하다, 무능력하다'와 같은 말은 평가와 판단의 언어입니다. 알게 모르게 이런 평가와 판단을 무수히 주고받으면서도 스스로 어떤 말을 하고 있는지 전혀 알지 못합니다. 다른 사람에게 이런 말을 들으면 섭섭하고 속상하고 억울해서 화가 날 수 있음에도, 자신에게 하는 평가와 판단에는 감정의 싹조차 외면하고 무시합니다.

'이런 평가를 받아도 싸지.'

뿌린 대로 거둔다는 말처럼 그동안 지속적으로 이런 말을 주고받은 영향은 어떨까요? 자존감 높고 긍정적인 엄마가 되고 싶어도 정작 스스로에게 하는 말이 이와 같다면 오히려 반대의 모습이 나타날 수밖에 없습니다. 자존감 대신 자존심만 세져 아이들과 남편의 사소한 말에도 마음이 요동을 칩니다. 하루에도 수십 번씩 감정의 롤러코스터를 타고 가족을 원망하기 일쑤입니다. 원망 속에 고운 말이 나올 수 없습니다. 비난과 원망의 말이 튀어나오는 건 스트레스가 많고 갱년기라서 그런 것이 아닙니다.

우리는 한마디 말에 웃고 울며, 살기도 하고 죽기도 합니다. 오죽하면 '말 한마디로 천 냥 빚을 갚는다'는 속담이 있을까요? 나에게 하는 말은 나 자신뿐만 아니라, 가장 사랑하는 가족에게 빛의 속도보다 빠르게 영향을 미칩니다.

내 모습이 괜찮을 때만 수용하시나요? 그렇다면 스스로 살림을 잘하고 직장 생활도 멋지게 해낼 때만 마음껏 칭찬하고 인정할 수 있을 것입니다. 마찬가지로 자녀 역시 좋은 점수와 평가를 받고 모범적인 생활을 할 때에만 칭찬할 수 있을 겁니다. 친구 남편이 승진할 때 내 남편도 승진하고 연봉이 올라가야 존중할 수 있을 것입니다. 이처럼 나에게 했던 평가와 판단은 어느덧 가족에게도 동일하게 적용됩니다. 평가와 판단으로 얼룩진 대화는 원하는 결과가 나올 때만 긍정할 수 있습니다. 대화는 옳고 그름을 가르기 위한 기능적인 도구로 위축됩니다. 대화의 진정한 목적인 연결은 사라지고 껍데기만 남습니다.

대부분은 스스로 어떤 말을 하고 있는지 인식하지 못합니다. '난 대체 왜 이러지? 능력이 부족해' 같은 말은 자신을 평가하고 판단함과 동시에, 자극에 어떻게 반응하는지 알 수 있는 대화입니다. 세상과 소통하는 방식 또한 드러납니다. 나아가 무의식 깊이 숨어서 자신도 모르게 자동적으로 반응하는 내면의 대화를 자세히 살펴보면, 다른 사람과의 대화 패턴 역시 알 수 있습니다.

'지금도 충분해. 잘하고 있어. 이 모습 그대로 사랑받기에 충분해. 가치 있는 사람이야. 다음에 다시 하면 돼. 괜찮아, 누구나 실수해. 실수는 도전했다는 의미야. 쌓인 실수만큼 성장할 수 있어. 성장과 성숙은 평생에 걸쳐서 이루어지는 거야. 실수 없이는 아무것도 주어지지 않아.'

이 말들은 제가 저에게 하고 싶은 말이었고, 누군가가 저에게 해주기를 바라던 말입니다. 그리고, 이제는 수없이 연습한 덕분에 스스럼없이 나오는 말입니다.

다른 사람들이 나를 평가하고 비난하는 것 같지만, 실은 남이 아닌 내가 나에게 가장 가혹한 말을 하고 있다는 걸 기억하세요. 종종 '무의식적으로 튀어나오는 말을 어떻게 변화시킬 수 있냐'며 체념하는 경우가 있는데, 무의식은 반복으로 쌓인 결과물입니다. 무의식은 꾸준하고 의식적인 연습으로 변화시킬 수 있습니다.

 더 이상 듣고 싶은 말, 하고 싶은 말을 기다리지 마세요. 그냥 나 스스로에게 해주세요. 지금 바로요! 그리고 그 말은 나 자신뿐만 아니라, 사랑하는 자녀 역시 듣고 싶어 하는 말입니다. 내면에 평가와 판단이 아닌 수용과 사랑의 말이 쌓일 때 비로소 흘러넘칠 수 있습니다.

 더 이상 자신을 미워하고 평가하지 마세요. 그 어떤 상황에서도 나를 사랑할 수 있어야 합니다. 지금 당장 나에게 하는 말부터 변화시켜 보세요. 사랑은 실천이고 행동입니다.

문제 부모가 만든
문제 아이

저희 두 아이들은 모두 ADHD를 갖고 있습니다. 게다가 큰 아이는 불안장애와 우울증을 앓았고, 둘째는 틱이 있습니다. 아이들의 ADHD만으로도 충분히 버거웠는데, 불안장애와 우울증, 틱이라니…. 정말 미칠 것만 같았습니다. 세상이 원망스러웠고 억장이 무너졌습니다.

아이들을 데리고 유명한 소아정신과에서 심리 상담, 놀이 치료, 감각 통합 치료, 사회성 치료를 받았습니다. 약을 먹었고 한방치료도 받았습니다. 할 수 있는 모든 것을 동원했고 좋다는 것은 전부 다 했지만, 아이들은 그다지 호전되지 않았습니다. 〈우리 아이가 달라졌어요〉 프로그램에 출연 신청을 하고 싶었지만 매번 망설이다 포기했습니다. 아이들의 상태가 낱낱

이 알려지면 아이들에게 상처가 될 것 같아서 결국 신청하지 못했습니다. 아니, 실은 아이들을 보호한다는 명분은 핑계였고, 저에게 또 다른 상처가 될 것 같아서 신청하지 않았습니다.

ADHD로 힘겨워한 것은 아이들이 아닌 엄마인 저였습니다. '어떻게 내 아이가 이럴 수 있지? 어떻게든 고치고 말 거야'라는 신념에 가득 차, 본질인 아이들을 뒤로하고 증상에만 몰두했습니다. 저에게 ADHD는 악하고 나쁜 존재가 되었고, 아이들은 고쳐야 할 대상이 되어버렸습니다.

뭔가 제 잘못 때문에 아이들이 ADHD가 된 것 같아서 마음 한구석이 편치 않았습니다. 그러다 보니 아이들에 대한 사랑과 측은함, 연민보다 앞선 것은 죄책감과 수치심, 불안이었습니다. 아무도 저에게 네 잘못이라고 하지 않았지만 스스로 죄인이 되었습니다. 죄인인 주제에 편히 지낼 수 없었습니다. 주제 파악 하나는 기가 막히게 했기 때문에 눈치 보기는 일상이 되었습니다. 아이들 때문에 불편하고 이상하다는 말을 듣지 않기 위해, 무엇보다 엄마가 아이들을 잘못 키워서 저렇다는 비난을 받지 않기 위해 안간힘을 썼습니다. 그럭저럭 아이들은 밖에서는 심각한 문제를 일으키지 않았고, 저는 꽤 괜찮은 사람, 모성애가 지극한 엄마로 비쳤습니다. 하지만 일상은 전혀 그렇지 않았습니다. 포장지를 바꾼다고 내용물이 바뀌지 않는 것처럼 말이지요.

뜻대로 되지 않는 아이들을 보면 속상했고, 참다 참다 폭발하기 마련이었습니다. 매일 사건 사고 속에 살얼음 위를 걷는 것만 같았습니다. 전혀 종잡을 수 없는 아이들에게 지쳤고, 이런 증상을 갖지 않은 보통의 평범한 아이들과 가정이 몹시 부러웠습니다. 그래서, 때로는 버거움을 넘어서 아이들이 미웠습니다. 미움과 원망이 들 때마다 죄책감과 수치심 역시 빳빳이 고개를 들고 저를 괴롭혔습니다.

'아이들이 좋아지지 않으면 어쩌지? 매일 이렇게 살면 어떡해? 이건 사는 게 아니라 지옥이야.'

불안과 걱정, 근심 속에 하루도 마음이 편치 않았습니다. 간혹 문제없이 지나가는 날도 있었지만 초조하고 불안하기는 매한가지였습니다. 주의력이 부족하고 충동성이 강한 아이들 때문이라고 생각했지만, 실은 제 불안과 낮은 자존감이 문제였습니다. 제가 저 자신을 믿지 못했기 때문에 아이들에 대한 믿음을 지닐 수 없었습니다. 객관적인 사실과 지식도 출렁이는 불안 앞에서는 속수무책이었습니다.

불안이 커질수록 문제없어 보이는 다른 아이들과 가족이 사무치게 부러웠습니다. 심지어 저처럼 소아정신과 대기실에서 기다리는 다른 엄마들이 부러울 때도 많았습니다. '그래도 우리 애들보다 나아 보이네. 저 집은 아이가 한 명이니 수월할 거야. 아빠가 같이 돌보니 좋겠다. 저 엄마는 체력이라도 있네….' 이런 비교를 하면서요.

당연하지만 여전히 저희 아이들은 ADHD입니다. 하지만 지금 저희 가족은 전과 전혀 다른 모습으로 지냅니다. 그토록 부러워하던 화목하고 웃음 넘치는 가족, 사랑한다고 거리낌 없이 말하는 가족이 되었습니다. 아이들은 사춘기의 정점인 고등학생과 중학생으로, 예민하고 갈등 많은 시기에 있습니다. 그러나 그 어느 때보다 평화롭습니다. 사랑한다는 말로 하루를 시작하고 마무리합니다. 전화나 문자에도 스스럼없이 사랑을 고백합니다. 사랑 고백은 저희 가족에게 일상입니다.

"어떻게 가족에게 사랑한다는 말을 하냐? 미친 거 아니야?"

아이 친구가 저와 통화를 마친 아이에게 한 말입니다. 저희 가족에게는 미친 듯이 싸우고, 물고, 할퀴고, 소리 지르고 울던 시절이 있었습니다. 도저히 말이 통하지 않아서 못 살겠다고, 벽에다 말을 하는 게 낫겠다는 말 역시 수백 수천 번을 했습니다. 홀로 운 적은 얼마나 많은지요. 경찰서에 간 적도 있고, 길

바닥에 주저앉아 싸우기도 했습니다. '엄마가 집을 나가야 끝이 난다'거나 '선생님이 이런 네 모습을 보셔야 한다'는 협박은 물론, 도망가고 싶다는 생각은 하루에도 수십 번씩 했습니다. 그런데 그때와 지금, 무엇이 달라졌을까요?

달라진 것은 오직 저 한 사람입니다. 평생 미워하던 저를 사랑하기 시작했고, 사랑하는 저에게 평가와 판단이 아닌 사랑과 수용의 말을 들려주었습니다. 저를 사랑하고 불안이 사라지자, 아이들 역시 불안을 걷어내고 마주할 수 있었습니다. 저를 공감하는 만큼 아이들을 공감할 수 있었고, 저를 믿는 만큼 아이들을 믿을 수 있었습니다.

기대한 만큼 아이들이 좋은 성적을 받지는 않지만, 저는 아이들에게 공부하라는 잔소리는 하지 않습니다. 아무래도 ADHD 특성상 집중해서 공부하기가 쉽지 않기 때문에, 누가 뭐라 해도 몰입할 수 있는 것을 찾도록 돕고 있습니다.

많은 부모가 자녀의 성적과 습관, 태도 때문에 잔소리를 한다고 합니다. 하지만 잔소리로 변화시킬 수 있는 사람은 단 한 명도 없습니다. 나에게도 통하지 않는 잔소리가 자녀에게 통할까요?

변화는 잔소리가 아닌 사랑에서 시작합니다. 다른 사람이 아닌 나를 조건과 평가 없이 사랑할 때 변화가 일어납니다. 우리는 평가하고 평가받기 위해 태어나지 않았습니다. 각자의 고유함을 찾고, 나누기에도 부족한 인생입니다. 있는 모습 그대로 사랑하고 응원하기에도 시간은 충분하지 않습니다. 세상에 문제 아이는 없습니다. 문제 부모가 있을 뿐입니다.

고치려 하지 말고, 받아들임부터 시작해라

저는 다름을 인정하고 수용할 줄 아는 DISC(인간의 행동 유형을 알아보는 심리 도구) 강사이자, 서비스 강사, 메디컬 서비스 컨설턴트였습니다. 때문에 다른 사람들은 물론 저와 아이들의 다름을 수용하고 받아들인다고 오래도록 자부했습니다. 겉으로 드러내는 자부심은 아니었지만 그래도 잘하고 있다는 착각에 빠져있었습니다.

극심한 입덧과 난산의 고통 속에 가까스로 출산한 첫 아이는 구순구개열이었고, ADHD 진단을 받았습니다. 아이는 지금까지 열 번 정도의 수술을 받았고, 앞으로도 더 받아야 합니다. 정서적, 신체적으로 예민하게 태어난 데다 부모의 이혼으로 범불안장애와 우울증이 추가되었습니다. 네 살 때부터 놀이 치료와 소아정신과, 각종 상담과 치료를 데리고 다녔습니다. 그때 마다 입으로는 "아이의 다름을 수용한다"라고 했지만, 마음 깊은 곳에서는 왜 너는 다르냐고, 보통 아이들과 비슷하지 않냐고 아이와 하나님을 원망했습니다.

엎친 데 덮친다고 둘째 역시 네 살 때 ADHD 진단을 받았고, 이혼 후 틱이 추가되었습니다. 게다가 아이들의 ADHD 양상은 각각 달랐습니다. 첫째는 주의산만형으로 조용한 ADHD였고, 둘째는 충동우세형으로 일반적으로 생각하는 ADHD였습니다. 두 아이의 양상이 전혀 다르다 보니 더욱더 이해하기 힘들었고, 전 저대로 불면증이 심해 수면제를 복용하며 생계유지에 고군분투하느라 아이들의 증상을 이해할 여력이 남아있지 않았습니다. 물론 최선을 다해 책을 보고 교육을 받았지만, 이론과 현실은 달랐습니다.

매일 다투고 소리 지르는 것이 일상이었고, 치료란 치료는 전부 동원했지만 아이들은 좋아지지 않았습니다. 돈과 시간, 남아있는 모든 에너지를 쥐어짜면서도 매일 길이 아닌 땅을 파고 들어가는 기분이었습니다. 무더위에도 이불을 뒤집어쓴 채 꼼짝 않는 큰 아이를 일으켜 씻기고 손톱을 깎고 외출을 하는 것 자체가 고문이자 형벌이었습니다. 틱이 심한 둘째를 보면 꼭 누군가 저한테 어떻게 해보라는 말을 하기 일쑤였습니다. 젓가락질을 하는 것도 귀찮아 맨밥만 꾸역꾸역 입에 넣는 큰 아이를 보고 있으면 걱정보다 울화통이 터졌습니다. 그 와중에 산만하고 가만히 있기 힘든 둘째는 어김없이 물을 쏟고 컵을 떨어뜨렸습니다. 아이들 둘이 마주치기만 하면 싸우는 건 예사였습니다. 수면제를 먹고 눈을 감을 때를 제외하곤, 저의 어떤 시간도 결코 평화롭지 않았습니다. 세상의 모든 고통이 저에게만 온 것 같았습니다.

학교와 학원에는 차마 틱과 ADHD라고 말할 수 없어서 비염이 심하다고 했고, 남자아이라 산만하고 충동적이고, 여자아이라 예민하고 부모의 이혼으로 정서가 불안정하니 이해해 달라고 했습니다. 새로운 환경, 낯선 집단에 들어설 때마다 이해를 구해야 하는 상황 자체가 스트레스였습니다.

아이들은 이상한 것이 아니라 다른 것이었습니다. 이론상으로는 너무나 잘 알고 있었습니다. 하지만, 그 다름을 머리와 이론이 아닌 마음으로 수용하고 일상으로 받아들이는 것은 과제 이상의 난제였습니다. 심지어 이 사실조차 수면제를 끊기 시작하고, 삶의 나락에 떨어져서 바닥을 친 저 자신을 받아들인 후 비로소 깨달을 수 있었습니다.

열심히 했던 치료들은 아이의 편안함보다 세상에서 바라보는 기준과 관점에 맞추고자 했던 치료들이었기 때문에 효과를 얻을 수 없었습니다. 제 생각과 말, 행동의 변화 없이 아이들을 변화시킬 수 없다는 걸 깨달았습니다. 아이에게 필요한 것은 최고의 전문가와 효과 좋은 약이 아니라, 일상을 변화시킬 수 있는 부모의 말과 행동이었습니다.

구순구개열, ADHD, 불안장애와 우울증, 틱을 겪는 사람들의 수가 많아 그들이 주류인 세상이라면 아이들은 다름의 시선에 불편해하지 않아도 되는 평범한 사람일 수 있습니다. 그럼에도 저는 아이들을 고치려고 했습니다. 아니, 반드시 고쳐야만 한다고 생각했고 그것을 사랑이자 책임으로 여겼습니다. 수용은 허울에 지나지 않았습니다. 아이들을 생각하는 제 마음이 '지금도 괜찮아, 너는 너대로 괜찮아, 이대로 충분해'가 아니었습니다.

병원에 다니고 치료를 받고 약을 먹으니 빨리 좋아져서 나아야 한다는, '평범'과 '보통'의 기준에 아이들을 맞추기 위해 부단히 애를 썼습니다. 고쳐야 한다는 시선으로 엄마가 자신을 바라보니, 더더욱 아이가 불안하고 우울한 건 당연했습니다. 어린 나이였기 때문에 자신의 의견을 표현할 수 없었지만,

아이가 받기를 원한 치료가 아니었습니다. 엄마인 제가 너무 힘들어서, 도저히 견디지 못하겠어서 저의 고통을 호소하며 아이들에게 받게 한 치료였습니다.

'이 아이는 치료가 필요한 아이'라는 전제는 저뿐만 아니라, 아이를 치료하는 사람에게도 기본적으로 내재되어 있었습니다. 아이 스스로가 자신의 상태를 자각하고 받아들일 수 있도록 도와줬어야 했습니다. 세상에는 외모와 성격, 성향, 건강 상태는 물론, 다양한 뇌를 갖고 있는 사람들이 있다는 사실을 알려주고, 자신을 있는 그대로 사랑하도록 도와주어야 했습니다. 하지만 저는 고치는 것에만 최선을 기울였습니다. 삶의 밑바닥에 다다르고 나서야 그동안 받아들이고 싶지 않았던 있는 그대로의 저를 받아들이고, 비로소 아이들을 받아들이게 되었습니다. 그때부터 저는 아이들을 고치기를 멈췄습니다. 아이들을 믿고 저를 믿었습니다. 모두 다른 것은 나름의 이유가 있다고 생각했습니다.

'이유가 없다 해도 무슨 상관인가? 나는 나대로 너는 너대로 그저 다를 뿐이고, 내가 경험해 보지 않은 시야로 살아야 하는 네가 보다 편안하게 살 수 있도록 돕기만 하면 되는 것을. 정도의 차이일 뿐 어쩌면 나도 똑같은지 모른다. 아이는 미숙함으

로 인해 세련되게 포장하지 못할 뿐.'

　내 뜻대로 나 자신을, 자녀를, 부모를, 배우자를, 친구를, 직장 동료와 주위 사람들을 고치고 싶어 합니다. 그런데 마음대로 고쳐지던가요? 고쳐지지 않는 나와 사람들을 원망하지 마세요. 그리고, 고치려 하지 마세요. 고치기를 멈추는 것에서 받아들임은 시작합니다.

자녀는 부모의 불안을 잠재우기 위한 도구가 아니다

"국어는 한 개 틀렸는데 수학은 세 개나 틀렸어. 나 오늘 집에 어떻게 들어가지? 엄마한테 죽을지도 몰라."

중간고사가 끝나고 친구들은 영화관과 노래방에 간다며 즐거워했지만, 영은이는 전혀 즐겁지 않았습니다. 성적에 목숨을 거는 엄마 때문입니다.

"집에 가기 싫어. 최대한 늦게 들어갈 건데 어디서 뭐하다 들어가지? 영화 보거나 노래방 갈 기분은 아닌데…. 그냥 어디서 좀 쉬면 좋겠어. 우리 공차에서 한 시간만 멍때리다 갈래? 내가 쏠게."

친구들에게 버블티를 사준다고 했지만 모두 거절했습니다. 어쩔 수 없이 영은이는 무거운 발걸음을 끌고 겨우 집으로 향했습니다.

"뭐? 세 개나 틀렸어? 너 요즘 무슨 생각하니? 이 성적으로 어쩌겠다는 거야? 스터디 카페에서 자다 오는 거니? 너 때문에 속이 썩는다 썩어. 그런데도 오늘은 쉬고 싶다는 말이 나와? 바로 기말 준비해야지!"

100점을 맞아도 엄마는 영은이를 칭찬한 적이 없습니다. 이 정도는 받아야 간신히 SKY에 갈 수 있다며 더 열심히 해야 한다고 했습니다. 엄마가 왜 그렇게 성적에 집착하는지 영은이는 이해할 수 있습니다. 영은이 역시 좋은 대학에 가고 싶고, 가야 하는 이유를 알고 있습니다. 하지만 날이 갈수록 엄마가 불편하고 부담스럽습니다. 엄마가 없을 때, 집에서 혼자 라면 끓여 먹고 유튜브 볼 때가 가장 행복합니다. 하지만 스터디 카페에 등록한 후에는 그마저도 거의 누리지 못합니다. 엄마와 부담 없이 사소한 대화를 나누고 농담 따먹기를 하는 친구들을 보면 부러울 뿐입니다. 자신보다 낮은 점수를 받아도 시험 끝나서 엄마와 쇼핑하고 맛있는 거 먹으러 간다는 친구를 보면 SKY고 뭐고 다 때려치우고 싶습니다. 그래도 엄마와 영은이 자신이 원하는 대학에 가면 좋은 날이 온다고 믿으며 하루하루를 버틸 뿐입니다.

실은 영은이 엄마에게는 영은이가 모르는 비밀이 있습니다. 영은이 엄마는 4년제 대학에 떨어진 후 힘들게 재수하고 싶지 않아서 전문대에 입학했습니다. 성공한 사업가인 아버지 덕분에 풍족하게 자랄 수 있었고 어디 하나 빠지지 않는 남편을 만나서 결혼했지만, 영은이를 낳고 나서 학력에 대한 콤플렉스가 생겼습니다. 남편의 친구, 지인은 물론 영은이 유치원과 초등학교 친구 엄마들 중에 전문대를 졸업한 사람은 없었습니다. 좋은 대학을 졸업하고도 결국 자신처럼 살림하는 주부라는 사실에 애써 위안을 삼았지만, 가슴에 항상 돌덩이 하나를 얹고 사는 기분이었습니다. 심지어 영은이에게도 전문대를 나왔다는 말을 하지 않은 채, 아빠처럼 SKY를 나와야 인정받고 성공할 수 있다고 입버릇처럼 말했습니다.

그래서 영은이 엄마는 영은이가 자신처럼 되지 않기를 바라며 유명한 학원과 선생님을 수소문해 가르쳤습니다. 다행히 영은이는 그럭저럭 성적이 나왔지만, 아주 만족스럽지는 않았습니다. 영은이 엄마는 영은이가 명문대를 가면 가슴에 굳게 자리한 돌덩어리가 사라질 거라고 믿었습니다. 다정하고 친하게 지내는 모녀를 보면 눈길이 갔지만, 그건 전교 1, 2등이라 가능하다고 생각했습니다. 그러면서 영은이가 원하는 대학에 입학하면 자신들도 그렇게 지낼 수 있다고 믿었습니다.

'지금 당장은 서운하겠지만, 영은이도 모두가 부러워하는 대학에 가면 내 마음을 이해하고 고마워할 거야.'

그러니 결코 고삐를 늦출 수 없었습니다. 영은이가 기대하는 편안함, 다정함, 친밀함은 잠시 미뤄 놨다 누려도 지장이 없다고 여겼습니다. 언제, 어디서나, 누구나 마음만 먹으면 느낄 수 있는 감정 따위에 흔들리는 것은 결코 용납할 수 없었습니다.

그날 저녁, 영은이는 스터디 카페를 나선 후 집에 들어가지 않았습니다. 그리고 얼마 후 우울증 진단을 받았습니다.

자녀의 학업성적과 교우관계로 걱정하는 부모가 많습니다. 저 역시 걱정에서 자유롭지 못합니다. 대한민국에 자녀의 성적과 교우관계에서 완전히 자유로운 부모가 있을까요? 하지만, 만약 지나치게 걱정하고 통제한다는 생각이 든다면 왜 그러는지 생각해 봐야 합니다.

자녀를 사랑하지 않는 부모는 없습니다. 사랑하기 때문에 내가 갖고 있지 않은 것, 누리지 못한 것을 누리게 하고 싶습니다. 또한 부모가 겪은 고생과 실수 역시 겪게 하고 싶지 않습니다. 그래서 자녀의 앞길에 근사하고 푹신한 양탄자를 깔아놓고 그 위로만 걷게 합니다. 그러나 양탄자만 밟고 성장한 자녀는 양탄자 없이 걸을 수 없습니다. 모래밭, 자갈길은 물론 아스팔트가 말끔하게 깔린 도로에서조차 걷기 힘들어합니다.

무엇보다 성인이 되어도 부모가 준비해 주는 양탄자를 기대하는 미성숙한 성인이 되는 것이 가장 큰 문제입니다. 혹시 사랑한다는 이유로 나도 모르게 애지중지하는 인형처럼 자녀를 대하고 있지 않은지요. 무분별하고 지나친 사랑은 폭력이 될 수 있습니다. 설령 원하는 속도와 방법이 아닐지라도 자녀 스스로 정서적, 신체적, 경제적으로 독립된 인격체로 살아갈 수 있도록 돕는 것이 부모의 역할입니다. 최고의 교육은 부모가 먼저 좋은 습관을 보여주고 물려주는 것입니다.

대부분의 부모가 사랑이라는 말로 자신의 말과 행동에 정당성을 부여합니다. 하지만 사랑으로 포장한 부모 자신의 불안과 두려움은 아닌지 살펴볼 필요가 있습니다. 통제는 불안을 잠재우는 가장 쉽고 빠른 방법입니다. 그래서 사랑과 보호라는 명분으로 자녀를 지나치게 통제하고 간섭합니다. 자녀는 부모의 불안을 잠재우기 위한 도구가 아닙니다. 부족하고 미흡하고 마음에 들지 않는 나를 온전히 받아들일 때, 자녀는 나와 다른 인격체라는 사실을 있는 그대로 받아들일 수 있습니다. 불안과 공포에 둘러싸여 있을 때는 대화가 아닌 각자 자신의 입장을 피력하는 말만 떠돌게 됩니다. 우리에게 필요한 것은 '말'이 아닌 '대화'입니다.

말이 아닌 대화를 하라

"말과 대화에는 어떤 차이가 있을까요?"

이렇게 물어보면 대부분은 갸우뚱하면서 차이를 모르겠다고 합니다. 간혹 말은 상대방의 유무와 상관없이 하는 것이고, 대화는 상대방이 있어야 가능하다는 답을 합니다. 표준국어대사전에는 말과 대화의 뜻이 이렇게 나와 있습니다.

- **말:** 사람의 생각이나 느낌 따위를 표현하고 전달하는 데 쓰는 음성 기호. 곧 사람의 생각이나 느낌 따위를 목구멍을 통하여 조직적으로 나타내는 소리를 가리킨다.
- **대화:** 마주 대하여 이야기를 주고받음. 또는 그 이야기.

사전적 의미는 제가 들은 답과 비슷합니다. 하지만, 말과 대화에는 이보다 큰 차이가 있습니다. 의미 유무와 관계없이 목구멍을 통해서 입으로 나오는 대부분의 소리를 우리는 말로 인식합니다. 그렇다면, 사전적 의미대로 상대방과 마주하며 느낌과 생각을 표현하면 대화일까요, 말일까요? 99%가 대화라고 답을 합니다.

그러나 상대방의 존재 여부와 무관하게 무슨 의미인지 알지 못한 채, 자신의 욕구와 감정 그리고 상대의 감정과 욕구를 헤아리지 않고 하는 대화는 대화가 아닌 말입니다. 대화의 목적은 '연결'에 있습니다. 자신의 감정과 욕구를 명확히 알지 못한 채 하는 대화는 대화로 시작해도 말로 끝나기 마련입니다. 연결이 아닌 단절로 끝나는 대화는 대화가 아닌 말이라고 할 수 있습니다.

평소에 말을 하시나요, 대화를 하시나요? 상대방이 아닌 나 자신에게 질문해 보세요. '나는 나와 말하고 있나? 아니면 대화하고 있나?'

저는 오랜 기간 대화가 아닌 비난과 비판의 말을 스스로에게 퍼부었습니다. 스스로를 공격하고 무력하게 하고 있다는 사실은 전혀 알지 못한 채, 응당 그런 말을 들어야 마땅하다고 여겼습니다. 그리고 비난과 비판을 통해서 성장할 수 있다고 착각했습니다. 매일 비난과 비판 속에 저 자신을 미워하다, 근반 백 살이 되어서야 감정에 직면할 용기를 냈습니다. 어떻게 감정을 직면해야 하는지 몰라서 일단 마음속에 쌓아둔 감정을 눈으로 보면 도움을 받을 것 같다는 생각에 감정 일기를 쓰기 시작했습니다. 감정 일기를 쓰면서 처음으로 저 자신과 말이 아닌 대화를 할 수 있었습니다. 내가 느끼는 감정에 '부정적인 감정, 긍정적인 감정'이라는 꼬리표를 붙이지 않고, 다양한 감정을 느끼는 저를 온전히 수용하려고 노력했습니다. 그러자 감정 뒤에 숨겨진 욕구를 찾을 수 있었고, 감정의 존재 이유를 알게 되었습니다.

  말이 대화로 변하는 데는 많은 시간과 노력이 필요하지 않습니다. 수용을 결심한 순간, 단절의 말은 연결의 대화가 됩니다. 대화를 통해 저는 처음으로 내면과 연결할 수 있었습니다. 본연의 자신과 연결하기 위해서는 먼저 감정을 들여다봐야 합니다. 과거의 저처럼, 영은이 엄마처럼 자신의 불안과 두려움에 짓눌린 상태로는 연결할 수 없습니다. 나와 감정을 분리하고, 편견과 선입견을 버리고 감정을 느끼는 자신을 수용할 때, 이해와 공감이 가능합니다. 사랑은 이해와 공감 속에 싹트기 시작합니다. 무엇보다 나 자신을 수용할 수 있어야 다른 사람을 수용할 수 있습니다.

영은이 엄마가 자신의 감정과 욕구를 볼 수 있었다면 영은이에게 이렇게 말하지 않았을까요?

"영은아, 시험 보느라 힘들었지? 고생 많았어. 원하는 점수가 나오지 않아서 아쉽고 서운하겠지만, 쉬어야 몸도 마음도 회복할 수 있으니 오늘은 마음 편히 쉬면서 하고 싶은 거 하는 게 좋을 것 같아. 혹시 하고 싶은 거 있니?"

삶의 중심점을 '감정'에서 '감정을 느끼는 나'로 옮겨올 때, 감정 뒤에 숨겨진 욕구를 발견할 수 있고 진정한 연결이 가능합니다.

말이 아닌 대화를 하고 싶으신가요? 나 자신은 물론 상대방과 연결하고 싶으신가요? 진정한 회복과 연결을 원한다면 편견과 선입견 없이 자신의 감정을 있는 그대로 충분히 느껴보세요. 그리고 감정 뒤에 숨겨진 욕구를 찾아보세요.

영은이 엄마는 자기보호, 예측가능성, 인정, 관심, 사랑, 안심, 성취, 성장, 보람, 공감, 이해, 상호성, 수용, 지지의 욕구가 충족되지 않아서 불안, 초조함, 두려움과 긴장을 느꼈습니다. 영은이의 우울증 진단 후 죽고 싶다는 말을 달고 살던 영은이 엄마는 난생처음 자신의 불안 뒤에 숨은 욕구를 찾고서 하염없이 울었습니다.

"제가 못나서, 열등감 때문에 영은이를 잡는다는 생각은 간간이 했어요. 하지만 그것보다는 저처럼 살게 될까 봐, 정말로 영은이를 위해서 그런다고 생각했어요. 욕구 같은 건 생각도 못했는데, 결국 제 문제였네요."

"반은 맞고 반은 틀려요. 욕구 자체에는 아무런 문제가 없어요. 단지 욕구를 충족하는 방식에 문제가 있었던 거예요. 방식은 얼마든지 바꿀 수 있어요. 자기보호, 인정, 예측가능성, 안심, 사랑은 어떻게 채울 수 있을까요? 다른 사람을 통해서가 아닌 스스로 채울 수 있는 방법을 찾아보세요. 그리고 영은이와 진짜로 연결하고 소통하고 싶으면 먼저 내면과의 연결이 우선이 되어야 해요. 있는 그대로의 나를 수용하는 말을 하고, 그 후에는 감정과 욕구를 찾는 연습을 꾸준히 해보도록 하세요. 욕구를 찾고 공감하는 게 바로 자기공감이에요. 자기공감을 하면서 나에게 하고 싶은 부탁도 계속 연습하면 영은이에게도 그렇게 말씀하실 수 있어요."

"먼저 연습하라고요? 해본 적이 없어서 어색한데요. 저한테 잘했다, 충분하다, 괜찮다는 말을 많이 해주면 될까요?"

"당연히 어색하실 거예요. 우리는 자기 자신과도 어떻게 대화해야 하는지 모르면서, 다른 사람하고 대화할 수 있다고 착각해요. 가장 친밀하고 사랑하는 나 자신과도 대화할 줄 모르는데, 어떻게 남하고 대화할 수 있겠어요? 그러니 먼저 나와 하는 연결의 대화가 필요해요. 다른 사람에게 어떤 말을 듣고 싶으세요? 그 말을 스스로에게 해주세요."

나는 왜 갈등과 오해의 대화를 하고 있을까?

"언제 결혼할 거니? 애는 언제 낳아? 승진은 어떻게 됐어? 살찐 것 같네. 취직은 했어? 성적은 올랐어? 합격 발표 나왔어?"

이렇게 가슴을 후벼 파는 말 때문에 명절은 더 이상 반갑지 않고 즐겁지 않게 되었습니다.

"이번 설에도 어차피 똑같은 소리 들을 텐데 정말 가기 싫어…."

가만히 있으면 중간은 가는데, 안 하느니만 못한 이런 말을 대체 왜 하는 걸까요? 듣는 사람 기분만 상하고 어떤 경우에는 다툼까지 일으키는데 말이지요. 그런데 정말 믿어지지 않지만, 연결되고 싶은 마음에 하는 말입니다.

'아니, 연결되고 싶다면서 그런 말을 해? 말도 안 돼.'

믿을 수 없지만 사실입니다. 오랜만에 만나면 공통의 주제가 딱히 떠오르지 않습니다. 무슨 말을 해야 하는지 모르는 상황에서 떠오르는 것은 결혼, 직업, 시험, 승진, 합격 발표처럼 결과가 명확히 드러나는 – 그래서 무난하고 평범하다고 착각하는 – 주제밖에 없습니다. 연결하고 싶은 마음에 찾은 주제가 상대방이 가장 듣고 싶지 않고 꺼리는 주제라니 모순이 아닐 수가 없습니다. 상대방은 친밀하고 가까워지고 싶은 마음, 오랜만에 만난 어색함과 공백을 넘어서 연결과 소통의 욕구를 충족하고 싶습니다. 그래서 일반적이고 무난한(?) 주제를 선택했을 뿐입니다. 괴롭고 곤란하게 하려는 의도가 아닌 욕구를 충족하기 위해 어떻게 해야 할지 모르는 상황에서 나온 보편적이고 일반적인 말이라고 할 수 있습니다.

이런 말이라도 하지 않으면 가까워지기는커녕 어색함과 침묵 속에 긴장감마저 느껴지니 피하고 싶었던 것이지요. 이런 상황에서 나라면 어떤 말을 할 수 있을까요? 정작 딱히 떠오르는 말이 없는 건 마찬가지입니다.

말 자체가 아닌 말 뒤에 숨겨진 본질, 곧 욕구를 볼 수 있어야 합니다. 욕구는 삶을 움직이는 동인입니다. 어떤 상황에서도, 그 누구도 욕구 없이 말하고 움직이지 않습니다. 명절에 오랜만에 만난 친척들과 어색하고 의미 없는 말을 주고받는 이유가 무엇인지 욕구 목록에서 찾아보세요. 욕구를 통해 대화의 목적을 정확히 알 수 있습니다.

본질과 본질이 연결될 때 갈등과 오해에서 벗어나 소통할 수 있습니다. 우리는 왜 자녀와 갈등과 오해로 점철된 대화를 하고 있을까요? 대화의 목적인 연결을 잃었기 때문입니다. 방향성을 잃은 대화는 껍데기인 말만 남습니다. '연결'이라는 본질을 잊으면 말투, 몸짓과 행동, 목소리와 표정 같은 비본질에 집착하게 됩니다. 자녀와의 대화에서 비본질을 걷어내면 무엇이 보일까요? 그리고 대화를 통해 무엇을 얻고 싶을까요? 꼭 생각해 보시길 바랍니다.

부탁과 요청이 없는 대화는 없다

대화에는 목적만큼 중요한 구성 요소가 있습니다. 그 어떤 주제와 목적을 가진 대화일지라도 반드시 포함되는 요소입니다. 이 요소 없이 이루어지는 대화는 없습니다.

"지각하지 마", "일찍 일어나", "몇 시까지 게임 할 거니?", "숙제는 다 했어?", "이번 시험은 몇 점 받았어?", "저녁은 뭐 먹을래?", "입맛 없어도 조금이라도 먹자", "뛰지 말고 걸어 다녀", "말대꾸하지 마".

이런 말들을 보고 어떤 생각이 드시나요? 각기 다른 문장이지만 '부탁 아니면 요청'이라는 공통적인 요소가 있다는 사실을 알 수 있습니다. 어떻게 이런 말들이 부탁 아니면 요청이라고 할 수 있는지 의아하실 수 있습니다. 곰곰이 생각해 보세요.

이 말들은 자기보호, 안심, 예측가능성, 명료성, 사랑, 관심, 안정, 보람, 존중, 안심과 같은 욕구를 채우고 싶어서 한 말입니다. 내용과 형식은 조금 다르지만, 모두 자신의 욕구를 채우기 위한 부탁 혹은 요청입니다.

크게 보면 칭찬과 축하, 기쁨과 행복처럼 욕구가 충족될 때 하는 부탁과 요청, 그리고 슬픔, 불안, 화, 짜증, 외로움과 두려움처럼 욕구가 충족되지 않을 때 하는 부탁과 요청이 있을 뿐 우리의 모든 대화는 부탁과 요청으로 이루어져 있습니다. 일주일 동안 독감으로 심하게 앓은 큰 아이와 주변인들의 대화를 예시로 살펴볼까요?

- **독감 당사자인 큰 아이**

    "엄마, 머리가 너무 아프고 토할 것 같아. 숨쉬기가 힘들어서 우선 집에 갔다 병원에 가야 할 것 같아."

    → 집과 병원에 가서 쉬고 치료받고 싶다는 부탁이자 요청

- **동생**

    "누나 때문에 더 놀지 못하고 들어가야 해서 서운하고 속상해. 기분이 안 좋아."

    → 서운한 마음과 놀이에 대한 욕구를 알아달라는 요청

- **의사**

    "타미플루와 증상 약들을 처방해 드렸어요. 열이 다 떨어지고 나서도 24시간 이상 열이 오르지 않아야 등교가 가능하니, 참고하시고 집에서 푹 쉴 수 있도록 해주세요."

    → 등교 지침 준수 및 회복에 관한 요청과 부탁

- **큰 아이의 선생님**

    "어머니, ○○이가 등교 시 필요한 서류를 말씀드릴게요. 독감 진단명과 격리가 필요하다는 내용이 들어 있어야 병결이 가능해요. 등교 전 일단 사진으로 진료 확인서부터 보내주세요."

    → 등교 지침 준수 및 관련 서류에 대한 요청

하나하나 살펴보면 신기하게도 각기 다른 모든 사람의 대화가 '부탁 아니면 요청'으로 이루어져 있다는 사실을 알 수 있습니다. 저는 큰 아이를 챙기고 저녁 식사 준비를 하다 둘째에게 이렇게 이야기했습니다.

"너무 피곤하다. 아무것도 안 하고 뒹굴뒹굴 쉬면 좋겠어."

엄마도 휴식이 필요하다는 것을 이해하고 공감해달라는 요청입니다. 이렇게 우리의 대화는 요청과 부탁으로 이루어져 있습니다. 일상에서는 격식을 차리지 않고, 대화에 대해 배우지 않았기 때문에 느끼지 못할 뿐입니다. 부탁과 요청 없는 대화는 존재하지 않습니다.

그렇다면 부탁과 요청은 왜 할까요? 바로 연결하기 위해서입니다. 부탁과 요청을 통해 우리는 상호작용을 하고 연결하며 소통합니다. 아무리 대화해도 연결되지 않고 단절될 때 아픔과 상처가 생기고, 불안과 외로움을 비롯한 부정적인 감정을 느끼게 됩니다. 대부분의 고통과 아픔은 관계에서 비롯됩니다. 사람과 사람 사이에 존재하는 것이 인간이기 때문입니다. 인간이 인간답게 살기 위해서 연결이 필요하고, 연결되지 않으면 고립과 단절 속에 정서와 신체에 커다란 위협을 받습니다. 우리나라의 2024년 자살 사망자는 1만 4439명으로, 2011년 이후 최고치로 OECD 국가 중 1위입니다. 그중에서도 특히 10~30대의 사망원인 1위가 자살입니다. 한국생명의전화 하상훈 원장은 이렇게 이야기했습니다.

"생명을 너무 가벼이 여기는 것 같아요. 청소년 상담 내용을 보면 '아니, 이런 문제로 죽으려고 하나' 생각할 때가 많습니다. 동생과 비교당해 자신이 쓸모없는 존재 같으니 죽겠다는 거예요. 관계에서 비롯되는 문제가 많은데 곧장 자해, 자살로 너무 극단적으로 갑니다."

내가 나누는 이 순간의 말 한마디, 대화의 목적은 연결이라는 사실을 기억하세요. 인식하지 못해도 모든 사람이 연결과 소통을 위해 부탁과 요청을 하고 있습니다. 나는 주로 어떤 방식으로 부탁하고 요청할까요? 방식에 수정과 보완이 필요하다면, 어떤 부분에 필요한지 생각해 보세요.

자녀에게 사랑과 공감의 말을 하기 위해 노력하라

한 해를 마무리하고 새해를 시작하면서 아이들에게 물어봤습니다.

"작년 한 해 동안 엄마가 너희들에게 무슨 말을 가장 많이 한 것 같아?"

"영양제 먹었니? 수건 내놨어? 9시라 핸드폰 끌 시간이야. 도마뱀 챙겨줬니?"

순간 살짝 당황했습니다. 제 기억으로는 '사랑해'가 가장 많았거든요. 그래서 아이들에게 다시 물어봤습니다.

"엄마 기억에는 사랑한다는 말이 제일 많았는데 아닌가?"

"맞아, 그런 것 같아. 근데 지금 떠오르는 건 영양제 먹었니, 수건 내놨어? 아, 그리고 또 오늘의 감정은? 이거야. 히히히."

"별로 듣고 싶지 않은 말부터 생각나."

먹는 것에 따라 건강이 좌우되는 것처럼 좋은 말을 주고받는 연결의 대화를 할 때 좋은 생각과 행동이 따르게 됩니다. 그래서 무엇보다도 사랑하는 아이들에게 좋은 말을 주기 위해 많은 노력을 기울였습니다. 제가 듣지 못해서 할 수 없었고, 몰라서 하지 못한 말을 많이 들려주고 싶었습니다. 하지만, 노력의 시작은 아이들이 아닌 저에게 하는 공감과 사랑의 말이었습니다. 자신을 사랑하지 못하는 사람이 다른 사람을 사랑할 수 없는 것처럼, 자신에게 사랑의 말을 하지 못하는 사람은 다른 사람에게 사랑의 말을 할 수 없습니다.

간혹 급한 마음에 내면에 진득하게 붙어있는 쓰디쓴 말을 빨리 없애려고 안간힘을 쓰는 경우를 봅니다. 하지만 미움과 원망으로 가득 찬 말을 당장 없앨 수 있는 방법은 없습니다. 오히려 느리지만 매일 조금씩 나에게 사랑과 공감의 말을 들려줄 때 변화가 일어납니다.

흙탕물이 담긴 물컵에 맑은 물을 계속 부으면 나중에는 흙탕물이 아닌 맑은 물이 흘러넘치는 것처럼, 나에게 한 사랑의 말이 차고 또 차면 자연스럽게 흘러넘칠 수 있습니다. 바로 내가 가장 전하고 싶은 사람에게로 말이지요. 그렇다면 나에게 어떤 말을 하면 좋을까요?

'괜찮아, 그럴 수도 있지. 백 번 실수하고 한 번 성공하는 게 인생이야. 누구나 실수하니 너무 애쓰지 않아도 괜찮아. 지금 이 모습 그대로 나를 인정해. 나는 나를 믿어. 나는 행운아야. 나는 존재 자체로 충분해. 나는 가치 있는 사람이야. 나는 나를 사랑해.'

자녀에게 사랑과 공감의 말을 하고 싶은데 생각처럼 나오지 않는다면 나에게 하는 말부터 점검하고 변화시켜 보세요. 나에게 충분한 사랑의 말이 담길 때 사랑의 말을 전할 수 있습니다. 말이 대화로 변하기 위해서는 사랑, 그중에서도 나를 향한 사랑의 대화가 필요합니다.

다음 날, 아이가 웃으며 이야기했습니다.

"엄마. 작년 한 해 동안 가장 기억에 남는 말, 엄마가 가장 많이 한 말은 사랑한다는 말이야. 올해도 사랑한다는 말을 제일 많이 해줘."

왜 공감의 대화를 하지 못할까?

평소에 공감을 잘한다고 생각하시나요? 저는 제가 공감을 잘한다고 생각했습니다. 온화하고 다정하며 상대방의 입장과 감정을 잘 헤아리는 사람이라고 생각했습니다. 하지만 감정과 욕구를 공부하고, 대화 방법을 적용하고 실행하면서 가장 어려웠던 것은 다름 아닌 공감이었습니다. 공감에 대해 알면 알수록 진심 어린 공감을 하지 못하는 저 자신이 부끄러웠고, 공감을 대화로 이끌어내지 못해서 답답했습니다.

아이들에게 칭찬해 줄 일이 있으면 과정보다 결과에 대한 칭찬이 먼저 나갔고, 공감과 이해, 사랑과 인정을 받고 싶어서 하는 말이라는 사실을 알면서도 공감 대신 해결을 제시하기 마련이었습니다. 강의나 코칭 때와 다른 제 모습에 좌절감을 느낀 적은 한두 번이 아니었습니다.

'대체 왜 아이들과 공감의 대화를 하지 못할까?'

머리로는 잘 알고 있으면서도 무의식적으로 튀어나오는 말은 생각과는 달라서 정말 답답하고 속상했습니다. 곰곰이 생각해 보니 이유는 바로 제가 공감을 받은 경험이 충분하지 않았고, 공감의 대화를 들어본 적이 없기 때문이었습니다. 제 또래의 부모, 특히 엄마들이 이 부분에서 저와 같은 고민을 많이 합니다. 현주 씨 역시 저와 같은 고민으로 문을 두드렸습니다.

"선생님께 비할 수는 없지만 학부모 강좌와 육아, 대화에 관한 책을 많이 읽고 실행하려고 노력했어요. 그런데 막상 애들이 떼쓰고 제 통제에서 벗어났다 싶으면 화가 나요. 평소에는 그렇지 않은데 한계를 넘어섰다 싶으면, 창피하지만… 욕하고 고래고래 소리를 질러요. 그리고는 '이럴 거면 뭐 하러 시간 들여서 강의 듣고 책 읽었나' 싶어서 더 큰 자책감에 빠져요. 그리고 나면 며칠은 우울하고 무기력해서 밖에 나가지도 않아요. 모르면 몰라서 그런다고 할 텐데요…."

"저랑 비슷한 고민을 하고 계시네요. 그런데 이건 저희 두 사람만의 고민이 아니에요. 그 점에서 안심하시면 좋겠어요. 어릴 때 가정 환경은 어떠셨어요? 부모님께 듣고 싶은 말을 듣고 사랑을 충분히 받으며 자라신 편인가요? 아니면 그렇지 않으신가요?"

"부모님께서 엄하신 데다 사이가 좋지 않으셨어요. 듣고 싶은 말이라고 하면 '사랑해, 잘했어, 최고야' 이런 말이었던 것 같은데, 한 번도 들어본 적이 없어요. 이제는 이런 비슷한 말을 하신다 해도 제가 어색해서 듣기 힘들 것 같아요. 부엌에서 엄마가 우는 모습을 자주 봤고, 가부장적인 아빠가 미워서 대들고 싶은 마음도 있었지만 냉랭한 집안 공기를 가를 용기가 차마 없었어요. 그래서 아이들은 저처럼 키우고 싶지 않아서 공부했는데, 이론과 실제는 다르다는 걸 많이 느껴요."

지식이 쌓였음에도 배운 대로 공감하지 못하는 이유는 무엇일까요? 공감이 뭐라고 이론과 실제의 괴리감이 이리도 클까요? 이런 상황에 봉착하면 상당수가 여전히 자신에게 맞는 적절한 대화 방법을 찾지 못했다는 생각에 더 많은 화술을 배웁니다. 하지만 본질은 기술이나 방법에 있지 않습니다.

저 또한 현주 씨처럼 어린 시절 부모님에게 충분한 공감과 사랑의 대화를 들어보지 못했습니다. 안타깝게도 대부분의 성인들 역시 마찬가지입니다. 대화는커녕 마음 한켠에 벽돌을 얹고 사는 경우가 많습니다. 게다가 어떤 방법으로 말하고 들어야 하는지 배운 적도 없습니다. 그렇기 때문에 '흉보면서 닮는다'는 옛말처럼 나도 모르게 부모의 말과 행동을 답습하게 됩니다.

우리는 부모에게서 신체와 외모만 물려받지 않습니다. 그보다 더욱 강력하게 삶을 지배하고 이끄는 말과 행동, 삶의 자세와 생각을 물려받습니다. 이것을 대물림이라고 합니다. 받거나 주고 싶지 않아도 스며들어 있기 때문에, 때로는 무력감과 두려움마저 느껴지는 부분입니다. 하지만 불행 중 다행으로, 유전에 의한 생물학적인 대물림보다 강한 영향력을 미치는 것이 후천적인 의지에 의한 말과 행동의 대물림이기 때문에 기회는 아직 있습니다.

저는 대물림에서 벗어나고 싶었습니다. 그래서 더더욱 열심히 공부하고 노력했습니다. 노력은 헛되지 않아서, 현재는 한창 사춘기인 ADHD 아이들과 허물없이 화목하고 즐겁게 지냅니다. 그럼에도 몸이 피곤하고 마음이 지친 날에는 노력이 무색할 만큼 그동안 저를 지배한 말의 패턴에 굴복합니다. 공감은 온데간데없이 사라지고, 자책과 후회에 빠집니다. 그래서 몸과 마음이 지친 날에는 힘겹게 아이들을 공감하고 이해하려는 억지 노력을 기울이지 않습니다. 그럴 땐 제일 먼저 제 마음을 공감하고 이해합니다.

'나에게는 지금 무엇이 필요할까? 돌봄, 휴식, 홀가분함, 자유, 안정이구나. 종일 일하면서 살림하고, 혼자서 모든 것을 하니 쉽게 지치고 피곤하지. 쉬고 싶은데 쉴 수 없고 이럴 때는 누가 나를 돌봐주면 좋겠는데 그럴 수 없으니 얼마나 힘들어? 일이 몰려서 지칠 때는 어떻게 하면 좋을까? 아이들에게 설거지를 부탁하거나 늦잠을 좀 자면 어떨까?'

이렇게 감정과 욕구를 들여다보고 저 자신과 공감의 대화를 하면, 어느덧 몸과 마음에 최소한의 여유 공간이 생깁니다. 바늘구멍 만한 작은 틈이어도 한 줄기 빛이 어둠을 물리치는 것처럼 최소한의 여유 공간을 통해 아이들의 감정과 욕구 역시 희미하게나마 들여다볼 수 있습니다. 비록 어린 시절에 충분한 공감의 대화를 들어보지 못해서 익숙하지 않아도, 자신을 깊이 공감할 때 상대방을 진심으로 공감할 수 있습니다.

대화의 본질은 연결입니다. 연결은 형식과 방법의 만남이 아닌 마음과 마음의 만남입니다. 내 마음에 공감과 사랑이 충만할 때 상대방을 공감할 수 있고, 연결할 수 있습니다.

― 공감이란 다른 사람이 경험하는 것을 존중하는 마음으로 이

해하는 것이다. 우리는 공감을 하기보다는 충고하거나 안심시키려 하고, 자기 자신의 입장이나 느낌을 설명하려고 하는 경우가 많다. 그러나 공감은 자신의 마음을 비우고 존재로 다른 사람에게 귀 기울이는 것이다.

– 마셜 로젠버그

2장

부모의 언어 습관부터 바꿔라

부모의 건강과 체력은
생존이다

'팔삭둥이'라는 말에 걸맞게 저는 어린 시절부터 지독히 몸이 약했습니다. 한 번도 개근상을 받아본 적이 없어서 개근상을 받는 것이 소원인 적도 있었습니다. 운동장이나 강당에서 하는 애국 조회 시간에 쓰러지는 학생 중의 한 명이 저였습니다. 오래달리기를 하다가 쓰러지는 건 예사고, 사계절 내내 감기와 잔병을 달고 살았습니다. 집에 한약과 각종 영양제는 물론 사골국과 푹 달인 잉어가 끊이지 않았지만 타고난 허약함은 나아지지 않았습니다. 각종 검사와 이런저런 소문이 난 민간 치료도 받았지만, 뾰족이 도움 되는 것은 없었습니다. 약해서 하지 못하고 놓친 것이 얼마나 많은지, 제 약한 몸이 너무나 억울하고 원망스러웠습니다.

마음이 약해서 몸이 약하다는 말을 들었지만, 전 늘 큰 꿈과 비전을 갖고 있었습니다. 하고 싶은 것도, 호기심도 많았고 실행도 빠른 편이었습니다. 하지만 많은 계획과 빠른 실행은 허약한 몸에 무리가 되어 물거품처럼 사라졌습니다. 아이들을 임신했을 때는 일 년에 한두 명 있을까 말까 한 심한 입덧으로 병원에서 더 이상 아이를 갖지 말아야 한다고 했습니다. 그럼에도 극적인 자연분만과 모유 수유를 해서 기적이라는 말을 들을 정도였습니다.

약한 몸은 항상 저의 불만이었습니다. 하지만 체력이 되지 않아서 오히려 악과 깡이라는 근성이 길러졌다는 사실을 불과 몇 년 전에 깨달았습니다. 약한 몸으로 세상을 살기 위해서는 그 이상의 강한 정신력이 필요했습니다.

저는 이혼과 불면증, 수면제 금단증상과 단약이라는 힘든 과정을 겪었습니다. 고통의 시간을 거쳐 지금은 원하던 코치와 작가로 활동하지만, 가장으로 생계를 책임지고 홀로 ADHD 두 아이를 키우는 것은 녹록지 않습니다. 시간과 에너지 어느 것 하나 충분하지 않습니다. 특히 시간은 누구에게나 동일하게 주어지지만 한정적이고, 한번 흘러간 시간은 다시는 돌이킬 수 없습니다. 그래서 저는 주어진 시간 안에서 효과적으로 몸과 마음을 돌보는 것을 최우선으로 삼습니다. 몸과 마음의 균형이 무너지면 저희 가족이 누리는 평화와 안정에 균열이 생기기 때문입니다.

이렇게 노력하지만 아이들의 말 한마디나 외부 자극에 예민해지고 공감이 힘든 때가 있습니다. 체력이 떨어진 저녁 시간이나 몸이 아플 때입니다. 그래서 좋은 컨디션을 유지하기 위해 루틴을 지키고 최대한 루틴 안에서 움직이려 노력합니다. 그래도 가끔 불가항력으로 몸이 아프고 힘들 때가 있습니다. 이럴 때는 여지없이 뾰족한 반응이 나옵니다.

아이를 키우던 시절을 떠올려 보세요. 독박 육아가 힘든 이유는 무엇 때문일까요? 아이를 사랑하지 않아서도, 모성애가 부족하기 때문도 아닙니다. 수면 부족과 체력 고갈이 가장 큰 원인입니다. 한 시간만 푹 자고, 맘 편히 커피 한 잔, 제대로 된 식사 한 번 하는 게 소원입니다. 게다가 육아는 일회성으로 끝나지 않기에 더욱더 지치기 마련입니다. 꾸준한 반복은 사람을 성장시키지만, 힘듦이 누적되면 몸과 마음 모두 피폐해집니다. 그런 와중에 변수는 어찌나 많이 생기는지요. 갑자기 응급실에 가야 하고, 아이가 집안을 난장판으로 만들거나 마트 바닥에 드러누워 울부짖는 일이 생깁니다. 특히나 첫 아이라면 무엇을, 어떻게 해야 할지 모르기 때문에 더더욱 난감하고 당황합니다. 그러면 건강을 자신하던 사람도 멘탈과 체력 모두 탈탈 털리는 지경에 이릅니다. 이런 상황에서 정신적 여유가 있을 수 있을까요? 다정함과 이성을 유지한 채 공감 어린 대화를 할 수 있을까요? 당연히 그럴 수 없습니다.

저는 뾰족해지고 예민하고 짜증이 날 때마다, 공감이 아닌 해결책을 제시하고 빨리 마무리하고 싶을 때마다, 감정 일기를 쓰면서 찬찬히 감정을 바라보고 숨겨진 욕구를 찾았습니다. 휴식, 수면, 돌봄, 안정, 안심, 안도, 자기보호, 예측가능성의 욕구가 충족되지 않아서 느낀 감정이었습니다. 이 중에서도 핵심적인 욕구는 돌봄, 휴식, 수면이었습니다. 모두 절대적인 생존의 욕구입니다.

건강은 생존과 직결되어 있습니다. 생존에 위협을 받는데 평정심과 평안을 유지할 수 있는 사람은 없습니다. 비슷한 상황과 동일한 말에서 상처를 받고 혹은 상처를 주고 있다면, 제일 먼저 살펴봐야 할 것은 몸의 건강입니다. 아무리 건강한 사람이라 해도 체력이 소진되면 다정함과 공감과 이해보다는 즉각적인 생존 모드로 반응할 수밖에 없습니다.

특별한 병, 극심한 피로나 반복된 수면 부족과 불면증, 과로가 아니어도 건강을 꾸준히 가꾸고 돌보지 않으면 체력은 쉽게 고갈됩니다. 말이 아닌 대화를 하고 싶다면, 공감력을 향상하고 공감대를 유지하고 싶다면 체력부터 기르세요. 건강한 몸에 건강한 욕구와 감정이 자리합니다. 건강한 욕구와 감정을 느낄 때 공감의 대화를 할 수 있습니다.

가족에게 예쁘게 말한다는 것

한 커뮤니티에서 새해를 맞이하며 타임캡슐을 준비했습니다. 타임캡슐에 들어갈 수많은 목표와 다짐 중에서 의외로 많이 나온 항목이 있었습니다. 많은 목표와 다짐 중 상위권을 차지한 항목은 바로 '가족에게 예쁘게 말하기'였습니다.

저 역시 오랜 기간 사랑하는 아이들과 비난과 원망의 말을 주고받으며 괴로워했기 때문에 깊이 공감했습니다. 당시에는 폭력적인 말을 하지 않는다고 여겼지만, 직접적인 언어로 표현하지 않았을 뿐 온몸과 마음으로 표현했다는 사실을 뒤늦게 깨달았습니다. 저는 말보다는 목소리, 어조, 표정과 몸짓 같은 비언어적인 방법으로 비난과 폭력을 가했습니다. 그러면서도 잘하고 있다는 오만에 빠져있었습니다.

가족에게 예쁘게 말하는 것이 무엇이라고 생각하시나요? 대다수가 상냥하고 다정하게 말하기, 미소 지으며 말하기, 화내지 않고 말하기, 맞장구치기, 여성의 경우 여성스럽고 애교스러운 톤과 목소리로 '특히 배우자에게' 말하는 것을 예쁘게 말하는 것이라고 생각합니다. 하지만 안타깝게도 예쁘게 말하는 것은 이런 것을 뜻하지 않습니다.

예쁜 대화를 통해 얻고 싶은 것은 무엇인가요? 가족의 화목, 사랑, 안정, 배려, 존중, 평화, 질서와 균형, 인정, 편안함, 친밀함, 연결, 소통, 공감, 이해 같은 것입니다. 본질을 얻기 위한 수단으로 선택한 것이 예쁜 대화입니다. 그렇기 때문에 기존의 대화 패턴에 대한 인식과 점검 없이, 또한 어떻게 말하는 것이 제대로 예쁘게 말하는 대화인지 모르고 하는 '막연히 예쁜 대화'는 역효과를 낼 수 있습니다. 심지어 가족들의 회피와 무시, 조롱이 있을 수도 있습니다.

무엇보다 대화의 본질을 먼저 생각해야 합니다. 본질을 생각하지 않고 시도하는 어설프게 예쁜 대화는 득보다 실을 남길 가능성이 많습니다. 천 냥 빚을 갚는 것이 말이지만, 그 이상의 상처를 주는 것도 말입니다. 이럴 때는 예쁜 대화라는 형식보다 대화의 목적에 초점을 맞추어 보세요. 가족의 화목, 사랑, 안정, 배려, 평화, 존중, 질서와 균형, 인정, 편안함, 친밀함, 연결, 소통, 공감, 이해를 얻기 위해서 무엇을 할 수 있을까요?

주말에 취미 생활 함께하기, 가족 회의하기, 여행 가기, 가사 분담하기, 일주일에 한 번은 함께 식사 준비 하기, 하루를 시작하며 칭찬과 격려의 말로 응원하기, 하루에 한 번씩 안아주기, 잠들기 전 감사 나누기와 같은 다양한 방법이 있습니다. 대화 방법 자체를 당장 바꾸기는 힘듭니다. 이럴 때는 조금 더 접근성이 쉬운 방법을 찾아서 실행하고, 그 후에 적절한 대화 방법을 익혀서 차근차근 적용하는 것이 효과적입니다.

그동안 각자 자신의 방법이 최선이라는 생각에 우기기에 급급한 대화를 하지 않으셨나요? 진정한 본질이 사라진, 옳고 그름을 따져서 이기기 위한 싸움을 대화라고 생각하지는 않았는지 곰곰이 생각해 보세요.

원하지 않는 것이 아닌 원하는 것을 이야기하라

"남편한테 제발 술 마시고 늦게 들어오지 말라고 했는데, 귓 등으로도 듣지 않아요."

"아이한테 게임 하지 말라고 하는데 도통 말을 안 들어요."

"아내한테 잔소리하지 말라고 하는데도 매일 바가지를 긁 어요."

일상에서 자주 접할 수 있는 하소연입니다. 술 마시지 말라, 게임 하지 말라, 잔소리하지 말라…. 그런데, 이렇게 이야기하면 상대방은 내 요청을 정확히 알 수 없습니다. 하지 말라는 것을 분명히 콕 짚어서 말했는데 상대방은 모른다니, 어떻게 모를 수 있을까 싶으시지요?

위의 대화에는 공통적으로 명확하고 구체적인 부탁과 요청이 없습니다. 원하는 바를 이야기하는 것, 요청과 부탁은 이렇게 말하는 것이 아닙니다. 원하는 것을 명확하게 이야기하지 않는데 어떻게 상대방이 내가 원하는 대로 할 수 있을까요? '내가 원하지 않는 것을 상대방이 [알아서] 하지 않는 것'을 욕구에 따른 부탁이라고 착각하는 경우가 많습니다. 다른 사례 하나를 더 살펴보겠습니다.

'상사가 보고서를 보고 실망하거나 혼내지 않으면 좋겠다.'

나에게 실망하거나 혼내지 않기를 바라는 마음은 욕구가 아닙니다. 이렇게 스스로에게 이야기하거나 상사에게 이야기하면 어떤 반응이 나올까요? 상사가 실망하거나 혼내지 않기를 바라는 마음은 무엇을 원한다는 의미일까요? 말하는 사람조차 모호합니다. 그래서 이렇게 '내가 원하지 않는 것'을 바라면 물고 뜯는 공격만 남게 됩니다.

공격은 직접적인 말과 행동으로 표현하는 '적극적인 공격'과 상대의 눈치를 살피고 굴복해서 책임을 전가하는 '수동적인 공격'이 있습니다. 적극적인 공격은 관계를 급속히 냉각시키거나 단절시키고, 수동적인 공격은 대화의 주도권을 상대방에게 넘기고 어차피 말해봤자 소용없다고 규정합니다. 그리고 상대방을 원망하지요. 그렇다면 이렇게 말해보면 어떨까요?

- **남편이 술 마시고 늦게 들어오지 않으면 좋겠어요.**

  나는 당신이 술 마시고 늦게 들어오면 걱정이 되고 외로워. 일주일에 한 번은 퇴근하고 바로 귀가해서 함께 저녁 식사를 하고 싶은데, 당신 생각은 어때?

- **아이가 게임 하지 않으면 좋겠어요.**

  엄마는 네가 게임 하는 모습을 볼 때 미래가 걱정되어서 마음이 불편하고 답답해. 해야 할 일의 우선순위를 정한 후 정해진 시간에 맞춰 게임을 하면 어떨까?

- **아내가 잔소리하지 않으면 좋겠어요.**

  퇴근하고 집에 오자마자 당신이 "빈둥거리지 말고 쓰레기 버리고 애들 챙겨"하고 말하면 나는 기운이 빠지고 서운해. 퇴근 후 30분 동안 여유 시간을 주면 저녁식사 후 설거지와 분리수거, 애들 재우기를 할 수 있을 것 같은데 당신은 어떻게 생각해?

공격과 단절이 아닌 연결과 소통의 대화를 원한다면 이와 같이 구체적으로 욕구를 표현해야 합니다. 말과 행동에 구체적인 지침이 없는 대화는 산으로 가기 마련입니다. 동일한 사건을 겪어도 느끼고 해석하는 바가 다르고 원하는 것이 다른 것처럼, 상대방의 '알아서'는 나의 '알아서'와 엄연한 차이가 있습니다. 원하는 것을 상대방이 구체적인 말과 행동으로 표현할 수 있도록 이야기하는 것이 진정한 배려입니다. 여기서 중요한 점은 내가 원하는 것만 이야기하면 상대방의 입장을 배려하거나 존중할 수 없기 때문에, 상대방의 의견 역시 물어보고 존중해야 한다는 점입니다.

상대방이 내 말을 듣고 '알아서' 하기를 바랄 때는 '알아서' 하는 상대방의 반응에 끌려가게 됩니다. 하지만 원하는 것을 명확하게 이야기하면 나와 상대방 모두에게 선택권이 주어집니다. 하거나 하지 않을 선택권이 생기고, 서로의 의견을 존중하면서 자신의 말에 대한 책임을 지닐 수 있습니다.

갈등과 오해가 발생하는 이유는 나의 대화는 돌아보지 않고 상대방을 판단한 후, 그에 따라 비난과 비판의 말을 하기 때문입니다. 심지어 내면의 대화에서도 마찬가지입니다. 원하는 것을 이야기하는 것은 이기적인 태도가 아닙니다. 우리 모두를 자유롭게 하는 진정한 배려입니다.

공감에 반드시 필요한 4가지 요소

딸아이와 드라마 〈이상한 변호사 우영우〉를 함께 보며 공감에 관한 대화를 나누었습니다.

"엄마, 나도 동그라미 같은 친구가 있으면 좋겠어. 일단 재미있고 투덜거려도 영우 말은 다 들어주고 바로 해결해 주려고 하잖아."

"그렇구나. 동그라미랑 영우의 대화를 보면 어떤 생각이 들어? 그라미는 네가 말한 대로 즉각적인 해결을 해주고 싶어해. 그래서 쉽게 말하면 '남자 같은 대화'를 하지. 흔히 말하는 것처럼 여자는 공감을 원하는데, 남자는 해결을 해주려고 해서 다툼이 생긴다고 하는 것과 같은 맥락이야. 게다가 그라미는 영우와 베프라서 영우와 자신을 동일시하는 경향이 있어.

그러면 공감이라는 과정을 거치기보다 빠른 해결을 내세우게 되거든. 내 일은 빨리 해결하고 싶잖아. 그래서 오히려 그 점이 공감 능력이 떨어지는 영우와 합이 잘 어우러지는 것 같아."

"나도 공감이 힘든데…. 그럼 남자처럼 대화하는 거야?"

공감을 원하는 여성과 달리 해결을 내놓는 남성의 대화라고 표현했지만, 비단 남성들만 이렇게 대화를 하는 건 아닙니다. 대다수가 공감이 아닌 해결 지향적인 대화를 합니다.

아이와의 대화는 생각보다 길어졌습니다. 그 과정에서 남자처럼 공감 없이 말하는 아이의 대화 패턴과 생각보다 공감을 힘들어하는 저의 대화 패턴으로 주제를 확장해서 이야기를 나누었습니다.

"왜 공감하기 힘든 것 같아? 머리로는 아는데 말은 왜 그렇게 하지 못할까?"

"글쎄, 잘 모르겠어. 그래도 진짜 공감해야 할 때는 하는 것 같아."

공감을 잘하고 싶다면 무엇이 필요할까요? **첫째, 자기공감입니다.** 내가 내 마음을 공감하고 이해할 수 있을 때 다른 사람을 공감하고 이해할 수 있습니다. 뿌리를 내려야 잎이 맺히고 꽃이 달리고 열매를 맺는 나무처럼, 최소한의 자기공감이 가능할 때 상대방을 공감할 수 있습니다. 자기공감을 한다는 것은 마음에 여유 공간을 만들어 스스로 설 수 있는 힘이 있다는 의미입니다. 내 마음에 여유가 없고 힘이 없는 데 공감할 수 있을까요? 기어다니는 아기에게 사람은 직립보행을 하니 지금부터 걸어보라고 하면 어떨까요? 부부싸움을 해서 마음이 언짢을 때 사춘기 자녀의 투정과 짜증을 받아주기 힘든 것처럼, 마음에 여유가 있을 때 공감이 가능합니다.

둘째, 여유입니다. 이때 마음의 여유뿐만 아니라 몸의 여유, 최소한의 경제적 여유도 있어야 합니다. 몸이 아프고 병이 났는데 다른 사람을 공감할 수 있을까요? 몸살이 나서 하루 이틀만 끙끙 앓아도 만사가 귀찮고 짜증이 나기 마련입니다. 아픈 상황에서 다른 사람을 공감하기란 쉽지 않습니다. 나를 공감하고 더불어 사랑하는 가족을 공감하고 싶다면 반드시 건강을 관리해야 합니다.

또한, 당장 먹고살기 힘든데 다른 사람을 공감하고 이해할 수 있을까요? 곳간에서 인심 난다는 옛말처럼 마음의 인심, 곧 인간 본연의 어진 마음은 경제력을 바탕으로 합니다. 지갑이 얇아지면 외식과 쇼핑은 물론 불필요한 지출을 줄이게 됩니다. 허리띠를 졸라맨다고 하지요. 졸라매면서 마음이 편할 수 있을까요? 소비와 지출뿐만 아니라 삶 전반이 인색해집니다. 공감과 이해 대신 잔소리와 짜증, 불평, 불만이 늘게 됩니다.

셋째, 시간입니다. 우리는 자신에게 소중하고 중요한 사람일수록 빠른 해결책을 주고 싶어 합니다. 과정이 아닌 결과로 판단하는 세상, 눈에 보이지 않으면 때로는 무의미하고 쓸모없어 보이기도 합니다. 공감은 눈에 보이지 않지만, 시간과 노력을 필요로 합니다. 바쁘게 돌아가는 현대 사회, 특히 효용성 면에서 보면 크게 가치가 없어 보이는 것이 공감입니다. 그래서 사랑하는 사람일수록 시간과 노력을 덜어주고 싶은 마음에 공감보다 해결이 앞섭니다. 부모와 자녀, 부부, 연인 관계에서 이런 모습이 많이 나타납니다.

저 역시 어느정도 적당한 거리가 있는 사람에게는 어렵지 않게 공감할 수 있습니다. 하지만 사랑하는 아이들에게는 시간과 노력을 덜어주고 싶은 마음에 빠른 해결을 제시할 때가 있습니다. 고통을 덜어주고 싶은 마음, 두려움과 불안에 압도된 사랑이 앞설 때 해결을 내세웁니다. 하지만 해결은 상대방이 아닌 나의 욕구이자 욕심이라는 사실을 기억해야 합니다.

빠른 해결을 통해 내가 원하고 얻고자 하는 것은 무엇일까요? 자유, 홀가분함, 자기보호, 안정, 안심, 사랑, 성취, 인정, 존재감, 평화 같은 욕구일 수 있습니다. 하지만 상대방은 해결을 원하지 않습니다. 같은 곳을 바라보고 함께 있어 주기를 원할 뿐입니다. 백 마디 말보다 한 번의 포옹으로 느끼는 것이 공감입니다. 나와 다른 상대방의 감정과 욕구, 그에 따른 방식까지 존중하는 것이 진정한 공감입니다. 공감은 존중을 기반으로 하기 때문에, 공감을 받아본 사람이 공감할 수 있습니다.

넷째, 자기비난 하지 않기 입니다. 지속적인 반복을 감당할 수 있는 사람은 없습니다. 매일 늦잠 자고 지각하는 아이, 식사 때마다 반찬 투정하는 남편, 걸핏하면 상사를 욕하는 직장 동료, 만날 때마다 우울과 불안을 호소하는 친구가 있다면 어떨까요? 몇 번은 공감할 수 있습니다. 그렇지만 동일한 상황이 지속되면 공감이 아닌 해결을 통해, 지난하고 힘든 상황에서 벗어나거나 피하고 싶은 것이 사람의 마음입니다. 이는 결코 공감 능력의 부족 때문이 아닙니다.

타고난 공감 능력을 탓하기 전에 스스로 자기공감을 하고 있는지, 상대방을 공감할 수 있는 최소한의 몸과 마음의 여유와 경제력이 있는지, 빠른 해결과 자신의 욕구에 사로잡혀 있지는 않은지, 지속적으로 반복되는 상황에 노출되어 있지는 않은지 점검해 보세요.

부정적인 감정을 해소하는 법

화, 원망, 우울, 짜증, 피곤, 외로움, 지루함, 불안 같은 감정은 부정적인 감정이라고 일컫습니다. 대부분은 이러한 감정을 느끼고 싶어 하지 않습니다. 그래서 부정적인 감정을 느끼게 하는 상황과 사건, 사람을 가능한 피하려고 합니다. 그럼에도 불구하고, 어쩔 수 없이 부정적인 감정에 맞닥뜨리게 되면 자신만의 해소 방법을 찾아 스트레스를 풀기도 합니다.

쇼핑이나 게임을 하고, 친구와 폭풍 수다를 떨거나 술을 마시고 담배를 피웁니다. 야식을 주문하거나 자극적이고 달콤한 음식을 먹습니다. 이조차도 할 수 없을 때는 몸의 이곳저곳이 아프고 심한 경우 공황장애, 우울증과 불면증으로 고통받기도 합니다. 그렇기 때문에, 사람들은 부정적인 감정과 최대한 거리를 두고자 알게 모르게 노력합니다.

원치 않는 감정에서 빨리 벗어날 방법은 얼마든지 많습니다. 쉽게 구할 수 없는 한정판을 구하고, 근사한 식당에서 식사를 하고, 화장품과 신발, 옷을 쇼핑하면 불편한 감정은 순식간에 사라집니다. 그래서 한두 잔으로 시작한 술이 서너 병이 되고, 한두 개비의 담배가 한 갑이 되고, 쉬는 시간과 대중교통에서 틈틈이 하던 게임 때문에 밤을 새게 됩니다. 그러면서 불편한 감정에서 벗어나 스트레스가 해소되었다고 착각합니다. 그러나 정말 스트레스가 풀렸을까요?

쇼핑과 게임, 술과 담배, 자극적인 음식으로 순간의 감정을 전환할 수는 있습니다. 잠시나마 불편하고 부정적인 감정을 잊고 편안함을 느낄 수도 있습니다. 하지만 이런 방법은 중독적이고 자기 파괴적인 습관으로 굳어질 수 있습니다. 가장 무서운 점은 본질을 가린다는 사실입니다. 왜 화, 원망, 짜증, 우울, 불안, 외로움 같은 부정적인 감정을 느꼈을까요? 형편없는 성적을 받은 아들, 꼬박꼬박 말대꾸하면서 자기 방에는 얼씬도 하지 못하게 하는 사춘기 딸, 집안일에는 눈곱만큼도 관심 없다가 애들 시험 때만 되면 잔소리하는 남편 때문일까요?

감정은 욕구에서 일어납니다. 불편하고 부정적인 감정을 느끼는 것은 진정으로 원하는 것을 채우지 못했다는 의미입니다. 원함은 욕구라 할 수 있지요. 상황과 사건, 사람을 걷어내고, 마음의 중심에 자리한 욕구를 들여다보세요. 무엇을 원해서 이런 감정을 느꼈을까요?

자녀가 나를 무시하는 말과 행동을 해서 서운하고 속상했나요? 그래서 술을 마시고 드라마에서 위로를 받았나요? 자녀의 말과 행동은 근본적인 원인이 아닙니다. 보람, 성취, 인정, 사랑, 소통, 연결, 자기보호, 존중, 존재감, 예측가능성, 안심과 같은 욕구가 채워지지 않아서 느낀 서운함과 속상함입니다. 잔소리하는 남편 때문에 짜증 나고 화가 나서 쇼핑했나요? 남편 때문이 아니라 자율, 신뢰, 공감, 협력, 이해, 상호성, 존중, 지지의 욕구를 충족하지 못해서 느낀 짜증과 화입니다.

불편한 감정에서 벗어나기 위해서는 순간적인 해소 방법에 치중하는 것이 아니라, 본질인 욕구를 들여다봐야 합니다. 그래야 무엇이 채워지지 않아서 느낀 감정인지 원인을 찾을 수 있습니다. 본질인 욕구를 보지 않으면 감정의 노예가 되어 상대방을 원망한 채 스스로 주인의 삶을 져버리게 됩니다. 다른 사람들 때문에 이 모양 이 꼴이라고 탓하기 전에 욕구부터 찾아보세요. 우리에게는 다양한 욕구가 있습니다.

범주	세부 욕구
자율성	자신의 꿈, 목표, 가치를 선택할 수 있는 자유 자신의 꿈, 목표, 가치를 이루기 위한 방법을 선택할 수 있는 자유
신체적/생존	공기, 음식, 물, 주거, 휴식, 수면, 안전, 신체적 접촉, 성적 표현, 따뜻함, 부드러움, 편안함, 돌봄을 받음, 보호받음, 애착 형성, 자유로운 움직임, 운동
사회적/정서적/ 상호의존	주는 것, 봉사, 친밀한 관계, 유대, 소통, 연결, 배려, 존중, 상호성, 공감, 이해, 수용, 지지, 협력, 도움, 감사, 인정, 승인, 사랑, 애정, 관심, 호감, 우정, 가까움, 나눔, 소속감, 공동체, 안도, 위안, 신뢰, 확신, 예측가능성, 정서적 안전, 자기보호, 일관성, 안정성
삶의 의미	기여, 능력, 도전, 명료함, 발견, 보람, 의미, 인생 예찬(축하, 애도), 기념하기, 깨달음, 자극, 주관을 가짐(자신만의 견해나 사상), 중요하게 여겨짐, 참여, 회복, 효능감, 희망, 열정
진실성	정직, 진실, 성실성, 존재감, 일치, 개성, 자기존중, 비전, 꿈
놀이/재미	즐거움, 재미, 유머, 흥
아름다움/평화	아름다움, 평탄함, 홀가분함, 여유, 평등, 조화, 질서, 평화, 영적 교감, 영성
자기구현	성취, 배움, 생산, 성장, 창조성, 치유, 숙달, 전문성, 목표, 가르침, 자각, 자기표현, 자신감, 자기 신뢰

출처: Nonviolent Communication

이 중에서 어떤 욕구가 채워지지 않아서 부정적인 감정을 느꼈을까요? 욕구를 알아야 나를 이해하고 공감할 수 있습니다. 나를 이해하고 공감할 때 부정적인 감정을 해소하는 것에 급급하지 않고, 욕구를 채울 수 있는 다양한 방법을 찾아서 채울 수 있습니다. 그리고 진심으로 나를 공감할 수 있습니다.

자녀의 성장을 돕는
질문을 하라

"내일 아침은 밥과 빵 중에서 어떤 것을 먹을래?

"뭐 있어?"

"밥으로 먹을 수 있는 건 아욱국, 계란프라이, 김자반, 나물비빔밥이 가능해. 빵은 사워도우, 리코타 치즈, 페스토 소스, 양파잼과 무화과잼이 있어."

"맛있는 거 먹을 거야."

"맛있는 거라고 하면 알 수 없으니, 밥과 빵 중에서 먼저 선택하고 그중에서 세부사항을 골라서 알려줄래?"

"다 맛있는데…. 저녁에 파스타 먹었으니까 내일 아침은 아욱국 먹을게."

저는 자기 전, 아이들에게 다음날 먹을 아침 식사 메뉴를 물어봅니다. 그리고 선택한 대로 아침 식사를 차려줍니다. 피곤하고 잠이 부족한 아침에 할 수 있는 가능한 선을 먼저 정한 후 아이들에게 선택권을 줍니다. 아이들은 자신의 선택대로 아침을 먹고 학교에 갑니다. 아이들 역시 피곤하고 잠이 부족해서 입맛이 없지만, 스스로 한 선택이기 때문에 가능한 한 다 먹으려고 합니다. 만약 남길 때에는 하교 후 돌아와서 먹습니다.

가능하면 아침 식사 메뉴뿐만 아니라, 일상에서도 질문을 통해 아이들이 선택하게 합니다. 이를테면 두 군데의 전시회 중에서 어느 전시회를 먼저 갈지, 한식·중식·일식·양식 중 어떤 식당을 갈지, 어느 지역으로 여행을 갈지, 무엇을 먼저 하고 나중에 할지, 걷기와 계단 오르기 중 어떤 운동을 할지, 몇 시까지 게임을 하고 숙제할 것인지처럼 막연한 질문이 아닌 구체적인 선택지를 주는 질문을 합니다.

"뭐 먹을래?", "어디 갈까?", "뭐 하고 싶어?"처럼 선택지가 없으면 아이들도 무엇을 선택해야 할지 알 수 없습니다. 구체성 없는 막연한 선택은 불안을 일으킵니다. 또한 책임을 회피하게 하고 동시에 선택 자체를 포기하게 할 수 있습니다.

하지만, 사소한 질문일지라도 질문을 통해 선택하면 외부의 압력이 아닌 오롯이 자신의 선택이 됩니다. 자신의 취향과 원함을 알게 되고, 스스로를 더 깊이 이해할 수 있습니다. 이해는 공감의 원천이 되어 자신을 사랑하는 건강한 사람으로 성장할 수 있습니다. 더 나아가 유익함과 해로움에 대한 분별과 지혜 역시 자라게 됩니다. 일상의 질문을 통해 아이들은 선택과 책임을 배울 수 있습니다. 아무리 작고 사소해도 스스로 선택하면 책임지고 싶은 것이 인간의 본성입니다. 스스로 선택하지 않으면 주도성을 상실한 방관자로 살게 됩니다. 선택을 통해 삶의 주인으로 사는 방법을 익힐 수 있습니다.

또한, 질문은 자녀에 대한 가장 큰 존중과 배려입니다. 질문하지 않으면 일방적인 소통만 하게 됩니다. 그러면 소통의 본질은 사라지고, 대화가 아닌 말만 남습니다. 하지만 질문을 통해 나와 다른 자녀의 의견을 들을 수 있습니다. 내 의견과 다르더라도 자녀의 의견을 존중하고 배려한다는 의미를 담고 있는 것이 바로 질문입니다.

존중과 배려가 질문의 바탕임을 잊지 마세요. 가끔은 질문을 하거나 받는 것이 부담스럽고 당황스러울 때가 있습니다. 하지만 질문에 담긴 존중과 배려를 기억한다면, 조금 더 유연하고 여유 있게 반응할 수 있습니다. 상대방은 나를 불편하고 곤란하게 하기 위해 질문하는 것이 아니라, 내 의견을 정확하고 깊이 이해하기 위해서 그리고 나를 돕기 위해서 묻는 것입니다. 반대로 내가 다른 이에게 질문하는 경우도 마찬가지입니다.

수면제를 끊으면서 저는 그동안 나 자신에게 질문하지 않고 살았다는 사실을 처음으로 깨달았습니다. 자신에게 질문하지 않았기 때문에, 나에 대한 진정한 존중과 배려 역시 불가능했습니다. 스스로 질문하지 않는 사람이 다른 사람에게 질문할 수 있었을까요? 고기도 먹어 본 사람이 먹을 줄 아는 것처럼, 당시의 저는 다른 사람에게도 왜, 어떻게 질문해야 하는지 알지 못했습니다. 물론 명령조와 고답적으로 말하지는 않았지만, 질문에 담긴 의미를 알지 못한 채 앵무새처럼 대화 스킬에 의존한 공허한 질문을 남발하곤 했습니다.

평소에 질문을 많이 하시나요? 기억하세요. 자신을 배려하고 존중할 때 자녀를 배려하고 존중할 수 있습니다. 또한 자신을 배려하고 존중하는 사람이 먼저 질문할 수 있습니다. 질문이 사라질 때 사랑도 사라지고 성장은 멈춥니다. 불화로 가득한 가정은 가족끼리 질문하지 않습니다. 반면에 화목한 가정은 질문이 넘칩니다.

오늘부터 질문에 담긴 의미를 생각하며 작고 사소한 것부터 질문해 보세요. 사랑과 성장은 일상에서 이루어집니다.

눈치 보는 삶에서 벗어나기

"얼마나 순하고 착실한 애였는지 몰라요. 눈에 넣어도 아프지 않다는 말의 뜻이 뭔지 큰 딸을 키우며 알았어요. 어딜 가나 칭찬받는 애였어요. 오죽하면 친정 엄마가 '어떻게 어른이 아닌 애가 어른 눈치를 보고 맞추냐'고 하실 만큼 눈치가 빨라서, 어릴 때부터 자기 일은 스스로 알아서 했어요. 아픈 둘째는 큰 애랑 같이 키웠다는 생각이 들 정도로 착했어요…."

"그런데 지금은 따님이 많이 달라졌다는 거지요?"

"네. 지금은 전혀 다른 애 같아요. 배려심은 전혀 찾아볼 수가 없어요. 배려라는 말이 낯설 정도예요. 제가 하나부터 열까지 비위를 맞춰서 간신히 사는 거예요. 돈이 있으면 유학이라도 보내서 따로 살고 싶을 정도예요. 대체 저 꼴을 언제까지 봐야 할지…."

"따님 비위를 맞추려니 얼마나 힘드세요? 그런데, 왜 비위를 맞추세요?"

"그래야 그나마 큰소리 덜 내고 살 수 있으니까요. 그래서 속이 썩어요. 요즘은 소화불량에 두통으로 고생인데, 애 때문에 속이 썩어서 그런 것 같아요."

"더 이상 비위 맞추지 마세요."

"그럼 풍비박산 나는 꼴을 보라고요? 한 달 동안 애 방에 들어가 보지도 못했어요. 문틈으로 보니 저게 사람 사는 방인가 싶은데 들어갈 수도 없고, 뭐든 다 알아서 한대요. 알아서 한다면서 성적은 창피해서 어디다 말할 수도 없고…. 가고 싶다는 대안학교에 보내줬는데도 대체 왜 저러는지 모르겠어요. 대안학교 가면서부터 이러는 걸 보니 학교가 문제인가 싶기도 하고…. 사춘기 지나면 나아지겠죠?"

중학생 때까지 공부 잘하고 배려심 많고 착한 민지는 부모의 자랑이었습니다. 특히 수술이 잦은 동생 동준이를 어릴 때부터 끔찍하게 챙기고 돌봐서, '동준이 엄마'라는 말을 들을 정도였습니다. 손님이 오시면 옷을 받아서 걸어 두었고, 헝클어져 있는 신발을 가지런히 정리해 놓았습니다. 민지 엄마는 눈치 빠르고 센스 있는 민지가 얼마나 자랑스러웠는지 모릅니다.

그런데 중3이 되자, 민지는 돌연 일반학교의 제도에 적응하느라 매일 죽을 것 같았다며 대안학교에 가고 싶다고 했습니다. 민지가 그동안 한 번도 힘들어하는 내색을 한 적이 없었기 때문에 민지 엄마는 당혹스러웠지만, 민지를 믿고 대안학교에 보냈습니다. 하지만, 그 후 민지는 예전의 모습을 찾아볼 수 없었습니다. 눈치와 배려심은 전혀 찾아볼 수 없는 무례한 아이가 되어 버렸습니다.

"선생님 생각은 민지가 오랫동안 눈치를 보느라 힘들었던 것 같다는 말씀이죠?"

"천성이 착해서 동생을 아낀다고 생각했어요. 한 번도 눈치 본다고 생각해 본 적이 없는데…. 저도 잘 참는 편이고 순종적이지만, 예전과 시대가 다르니 민지는 저처럼 살지 않으면 좋겠다는 바람이 있었어요. 당당하게 자기주장 내세우고 하고 싶은 것을 하는 멋진 여성이 되면 했는데, 어쩌면 이상적인 바람일 뿐이었나 봐요. 현실에서는 저처럼 순종적이고 눈치 보는 민지가 더 고맙고 편했던 것 같아요."

"어머님 말씀처럼 민지는 그런 이상을 갖고 있어요. 그래서 이제는 더 이상 눈치 보면서 살지 않겠다는 의지를 아직은 미숙해서 어색하게, 때로는 공격적으로 드러내는 것뿐이에요. 민지가 아픈 동생과 엄마를 보며 어떤 감정을 느꼈을까요?"

"아마 안쓰러움, 불쌍함, 안타까움… 이런 감정이었겠죠. 그리고 힘들고 답답하고 불안하고 속상했을 것 같아요."

"감정 뒤에 있는 민지의 욕구를 찾아보실래요?"

"글쎄, 어렵네요. 사랑, 돌봄, 관심, 인정, 배려, 중요하게 여겨짐, 존재감, 친밀함, 자기보호, 안심, 안전, 안정, 평화 아닐까요?"

"우리는 정답을 찾을 수 없어요. 단지 민지의 감정과 욕구를 추측할 뿐이지요. 말씀하신 욕구에 동의해요. 민지는 자신의 욕구를 충족하기 위해 아픈 동생에게 헌신과 봉사를 했고, 바라던 부모님의 사랑과 관심, 인정을 얻을 수 있었어요. 그래서, 더더욱 주위를 살피고 눈치를 보면서 자신의 방식을 강화시켰어요. 하지만 모든 방법은 변하지 않으면 도태되지요. 눈치 보기는 스스로를 피폐하게 해요. 언젠가는 반드시 곪아서 터져 버리고요. 민지는 눈치를 보면서 자신을 희생시키는 기존의 방식으로는 더 이상 욕구를 충족할 수 없다는 사실을 깨달았어요. 건강하게 성장하고 있다는 증거니 너무 걱정하지 않으시면 좋겠어요."

"그렇다면 다행인데, 지금은 아예 소통 자체가 불가능해서 그게 걱정이에요. 주위에서 사춘기 끝나면 나아진다고 하는데 마냥 기다릴 수도 없고요."

"이제부터 눈치 보기가 아닌 배려의 대화를 시작하시면 민지와 새로운 소통과 연결을 만드실 수 있어요."

평소에 배려를 잘하는 편이신가요? 저는 배려심이 많은 사람이었습니다. 다른 사람의 입장을 귀신같이 살핀 후 필요를 챙겨서 적재적소에 맞추는 능력이 탁월했습니다. 스스로도 배려심이 많다고 생각했고, 다른 사람들 역시 배려심과 양보심이 많다며 저를 칭찬했습니다. 고래도 춤추게 만드는 것이 칭찬입니다. 그래서 더더욱 칭찬과 인정을 받고 싶은 마음에 상대방을 위해 저를 혹사시켰습니다.

배려심의 정체를 알게 된 건 한참 후였습니다. 타고난 배려심이라고 생각했지만, 실은 배려심이 아닌 눈치 보기였습니다. 저는 예민한 성향에 허약한 신체를 타고났기 때문에 상황을 관망하고 지켜보기에 좋은 조건을 갖추고 있었습니다. 게다가 고부갈등과 소통의 부재로 사이가 좋지 않은 부모님 때문에 눈치 보기는 어린 시절의 저를 보호하기 위한 생존 전략이었습니다. 긴장감이 흐르는 집안에서 눈치가 없으면 어떻게 될까요? 작게는 꾸중과 무시를 당하고, 크게는 매를 맞거나 벌을 받고 쫓겨날 수도 있던 시절이었습니다.

유년 시절, 살아 남기 위해 필요했던 눈치 보기는 성인이 되면서 기술과 세련미가 입혀져 배려심이라는 이름으로 둔갑했습니다. 배려심과 눈치 보기는 전혀 다른 차원에 속해 있음에도 말이지요.

'배려'와 '눈치 보기'에는 결정적인 차이가 있습니다. 어떤 말과 행동을 하지 않으면 상대방이 나에게 불이익을 줄 것 같은 두려움 때문에 억지로 한다? 그렇다면 그것은 배려가 아닌 눈치 보기입니다. 반면에 배려는 상대방의 필요를 인식하고, 스스로 먼저 상대방에게 줄 수 있는 것을 찾아서 대가 없이 베푸는 태도입니다. 배려는 상대방의 반응에 따라 감정이 좌지우지되지 않습니다.

주도권의 방향도 다릅니다. 배려는 나에게 주도권이 있지만, 눈치 보기는 상대방에게 주도권이 있습니다. 배려는 흔쾌히 대가 없이 줄 수 있지만, 눈치 보기는 두려움 때문에 억지로 빼앗기고 굴복했다는 억울함이 남습니다. 배려의 뒷자리는 솜털처럼 가볍지만, 눈치 보기의 뒷자리는 벽돌 같은 무거움이 남습니다. 분명히 배려라고 생각했는데 본전이 생각나고 억울함이 남는다면 배려가 아닌 눈치를 본 것입니다.

저는 이 사실을 깨닫고 눈치 보는 삶에서 벗어나 진정으로 배려하는 삶을 살게 되었습니다. 먼저, 제가 흔쾌히 줄 수 있는 한계를 정했습니다. 그리고 물질이든 시간과 에너지 그 무엇이든 줄 수 있는 한도 내에서만 먼저, 마음껏 주고 있습니다.

배려심과 눈치 보기는 다릅니다. 거짓된 배려가 아닌 진정한 배려는 나 자신을 존중하고 내가 주도권을 갖고 있어야 가능하다는 것을 기억하세요.

자녀와 소통을 잘하는 부모의 특징

소통의 중요성을 모르는 사람은 없습니다. 학교, 회사, 가족 사이에서 일어나는 대부분의 갈등은 소통의 부재 때문입니다. 주위만 둘러봐도 불통으로 고통받는 사람이 얼마나 많은가요? 사람과 사람 사이에서 발생하는 문제의 핵심을 단 한 가지 꼽는다면 '소통의 부재'라고 할 수 있습니다. 이혼 사유의 1순위로 나타나는 성격 차이 역시 소통의 부재로 인한 갈등과 오해를 함축적으로 표현한 단어입니다.

소통이란 무엇을 의미할까요? 소통은 두 가지 뜻을 담고 있습니다. 첫 번째는 막히지 아니하고 잘 통한다는 뜻이고, 두 번째는 뜻이 서로 통하여 오해가 없다는 의미입니다. 우리는 모두 막히지 않아서 잘 통하고, 뜻이 서로 통하여 오해가 없기를 진심으로 바랍니다. A를 이야기하면 상대방 역시 A로 받아들이기를 원하고, 더 나아가서는 A-1도 알아주기를 바랍니다. 그리고 개떡같이 이야기해도 찰떡같이 이해하기를 원합니다.

소통 대신 불통을 원하는 사람은 단 한 명도 없습니다. 그럼에도 왜 소통의 부재로 인한 갈등은 끊임없이 일어날까요? 왜 동일한 상황에서 같은 대화를 했는데 뒤돌아서서 각자 다른 이야기를 하는 일이 벌어질까요? 원하는 바는 같은데 말이지요. 특히 가족 관계, 부모와 자녀 사이에서 빚어지는 갈등은 무엇과도 비할 수 없는 상처와 아픔으로 남아 평생의 트라우마가 되기도 합니다.

어린 시절, 부모님의 모습을 보면서 한두 번쯤 이런 생각해 보셨지요? '나중에 어른이 되면 우리 엄마 아빠처럼 해야지!' 혹은 '어른이 되면 나는 절대로 엄마 아빠처럼 안 할 거야!' 부모가 되면 어릴 적 마음에 품었던 생각을 현실로 옮깁니다. 내 부모의 모습처럼, 혹은 전혀 다른 모습으로 말과 행동을 하기 위해 노력합니다. 생각대로 하는 자신의 모습에 뿌듯함을 느끼고, 때로는 생각과 다른 자신의 모습에 죄책감을 느끼고 자책하기도 합니다.

이처럼 부모가 되면 좋은 부모, 더 나은 부모가 되기 위해 노력합니다. 노력하는 자체만으로도 이미 충분히 좋은 부모입니다. 그런데 왜 나는 좋은 부모가 되고 싶은지, 내 부모와 비슷한 부모가 되고 싶은지, 혹은 전혀 다른 부모가 되고 싶은지 생각해 보셨나요?

많은 부모가 자녀를 위해 노력을 기울이지만, 노력의 본질인 사랑을 잊는 경우가 많습니다. 자녀는 나와 다른 독립된 인격체입니다. 하지만 노력과 열심에 빠지면 어느 순간 자녀를 독립된 인격체가 아닌 소유물로 집착하게 됩니다.

'내가 이만큼 했으니, 너도 이 정도는 해야지. 누구 때문에 이 고생을 하는데. 내가 큰 걸 바라니? 그냥 남들 하는 정도만 하는 게 그렇게 힘들어? 이게 다 너를 위해서야!'

자녀는 부모와 다른 시대에 태어나 다른 신체와 외모, 성격과 취향, 생각과 감정을 갖고 있는 나와 전혀 '다른' 존재입니다. 엄마인 내 몸을 통해서 태어났지만 나를 빌려서 태어났을 뿐 모든 것이 다릅니다. 게다가 스스로 태어나고 싶어서 태어난 것도 아닙니다.

부모가 자녀를 독립된 인격체로 존중하고, 자녀 스스로의 진정한 성장과 독립을 도와주는 사람으로 자신을 인식할 때 원활한 소통을 할 수 있습니다. 자녀를 소유물로 인식하는 순간 내 뜻이 앞서게 됩니다. 시소의 균형이 무너지면 바로 한쪽으로 기울어지는 것처럼, 한 사람의 뜻이 앞서면 유연한 소통에 제동이 걸리게 됩니다.

많은 부모님들이 자신이 운전하는 차에 아이가 타고 있다고 착각합니다. 내 차를 운전하면 운전대를 잡고있는 나의 마음대로 속도를 내고 브레이크를 작동할 수 있습니다. 자녀는 오직 운전대를 잡은 내 뜻만 따라야 하지요. 하지만 나는 내 차를, 아이는 아이의 차를 운전한다는 사실을 명심해야 합니다. 아직은 나보다 운전이 미숙한 초보 운전자인 자녀를 나 같은 베스트 드라이버가 될 수 있도록 돕는 것이 부모의 역할입니다.

예전의 저는 머리로는 자녀를 또 다른 인격체로 존중해 주는 것이 당연하다고 생각하면서도, 정작 현실에서는 부모님에게 보고 배운 대로 아이들을 대했습니다. 사랑이라는 이름으로 과도하게 보호했고, 뜻대로 되지 않을 때면 부모의 권위를 내세워 억압하고 억지를 부리고 화를 냈습니다. 한 마디로 제 멋대로였습니다.

지금은 욕심과 불안을 거두고 저 자신에게 집중하자 자녀를 독립된, 저와 다른 인격체로 존중할 수 있게 되었고 깨달은 대로 실행하려고 노력합니다. 자녀가 아닌 저를 위해서요. 자녀가 스스로의 삶을 개척하고 독립된 인격체로 살아야 제 마음이 편안하고 안심할 수 있기 때문입니다.

대다수의 부모가 자녀를 위해 희생한다고 생각하고 그것이 당연하다고 여깁니다. 하지만, 부모와 자녀는 희생과 책임의 관계가 아닙니다. 사랑과 성장의 관계입니다. 자녀의 성장을 도우며 부모는 행복과 사랑을 느끼고 치유와 회복, 성장을 경험할 수 있습니다. 아울러 자녀 사랑 이전에 자신을 사랑하는 부모가 자녀의 독립을 진심으로 돕고 응원할 수 있습니다.

자녀와 소통을 잘하고 싶으신가요? 자신과의 소통을 먼저 돌아보세요. 그리고, 머리가 아닌 실제 말과 행동으로 자녀를 독립된 인격체로 존중하고 있는지 살펴보세요.

"엄마 생각은 이런데 네 생각은 그럴 수 있겠구나. 생각이 다른 건 다른 거지, 틀린 게 아니야."

"이 반찬은 먹기 싫어? 맞아, 엄마도 어릴 때는 먹기 싫었는데, 어른이 되니 맛있어졌어. 그런데 건강을 위해서 조금은 먹으면 좋을 것 같아. 어떻게 하면 먹을 수 있을까?"

"시험 점수가 기대에 못 미쳐서 속상하구나. 엄마도 속상한데 너는 오죽하겠어. 혹시 엄마가 도와줄 부분이 있으면 이야기해 줘. 엄마 생각에는 오늘은 편히 쉬고 내일부터 다시 시작하면 좋겠는데 너는 어때?"

저도 처음부터 아이들과 이렇게 소통하지 못했습니다. 솔직히 지금도 어렵습니다. 우리가 소통에 부담을 느끼는 큰 이유 중 하나는 소통을 잘하는 것이 당연하다는 생각 때문입니다. 하지만 소통은 원래 어렵고, 잘 되지 않습니다. 자기 자신과의 소통도 제대로 하지 못하는데, 다른 사람과의 소통은 오죽할까요? 누구나 가장 힘들어하는 것이 바로 소통입니다. 처음부터 자연스럽게 소통을 잘하는 사람은 아무도 없습니다. 그저 꾸준히 나에게 관심을 갖고 돌아보며 본질에 집중할 때 소통 실력이 향상됩니다. 내면의 소통이 이루어질 때 다른 사람과 소통할 수 있고, 자신을 존중할 때 자녀를 독립된 인격체로 존중할 수 있습니다.

나는 왜 자녀와 소통을 잘하고 싶은지 생각해 볼까요? 자녀와의 소통을 생각할 때 드는 감정을 감정 목록에서 네 가지 이상 골라보세요. 그리고 그 감정 뒤에 있는 욕구 역시 욕구 목록에서 찾아보세요. 아이와 싸우기 싫어서, 아이와 잘 지내고 싶어서, 좋은 대학에 보내고 싶어서, 잔소리하기 싫고 아이를 변화시키고 싶은 마음은 진짜 욕구가 아닙니다. 자녀를 변화시키고 통제하기 위한 수단이 아닌 내면의 욕구를 찾아보세요.

잘하라는 말 대신 무슨 말을 해야 할까?

큰 아이는 유독 사람들 앞에서 발표하는 것에 두려움이 많습니다. 영어 수행 평가 발표 전날에도 몹시 긴장했습니다. 손과 발은 차가웠고 식은땀이 났습니다. 그래서 심호흡을 하고 여러 차례 머릿속으로 발표하는 상상을 하게 한 후 잠자리에 누웠습니다. 눕자마자 아이가 내일 수행 평가를 잘 보게 해달라고, 떨지 않게 기도해달라고 했습니다. 기도를 마치고 오늘의 감사를 이야기하는데 이런 말을 했습니다.

"엄마. 정말 다행이고 감사한 게, 엄마는 잘하라는 말을 하지 않아서 좋아. 친구들은 엄마 아빠가 시험이나 발표를 앞두면 잘하라고 한대. 그런데 그런 말을 들으면 부담되거든. 그래서 애들이 잘하라는 말 정말 듣기 싫다고 그래. 난 만약 엄마가 그렇게 말하면 너무 스트레스 받아서 힘들 것 같아."

"네가 잘하면 엄마도 좋지. 그런데 누구보다 잘하고 싶은 마음이 있는 건 너인데, 엄마가 굳이 덧붙여 말할 필요가 있을까? 잘하고 싶은 마음이 없는 사람이 어디 있겠어? 잘하고 싶어서 긴장되고 두려운 건데. 엄마 역시 잘하라는 평가적인 말은 듣고 싶지도 않고 하고 싶지도 않아."

아이는 진심으로 감사를 표하고 잠들었습니다. 다음 날 아침, 걱정되고 긴장된다는 아이에게 물었습니다. 왜 이렇게 긴장하고 두려운 건지 말이지요. 아이는 발표를 잘 못하면 다른 사람들이 자신에 대해 좋지 않은 평가를 할 것 같다고 말했습니다.

"선생님도 답이 틀릴 때가 있고, 사람들 앞에 매일 서는 배우나 아나운서도 실수할 때가 있어. 네 친구가 만약 발표하다 잊어서 어쩔 줄 몰라 할 때, 다른 친구들이 발표한 친구를 비난하고 비판할까? 오히려 괜찮다고 위로해 줄 거야. 너도 그러겠지? 그리고 여러 사람이 발표하는 데, 모든 사람의 발표를 일일이 다 기억할 수는 없어. 사람은 다 자기 자신한테만 관심이 있거든."

"이 점을 기억하면 좋을 것 같아. 발표를 잘하지 못할 경우,

정확하게 일어날 상황은 딱 이거 하나야. 네가 원하는 점수를 받지 못한다는 것. 그 외에는 너에게 마이너스가 될 만한 일이 생길지 아닐지는 아무도 알 수 없어. 수행 평가 점수가 만족스럽지 않으면 대신 시험을 잘 보면 되고, 영어를 못 보면 국어를 잘 보면 되는 것처럼 얼마든지 다른 방법이 있어. 그러니 추측이 아닌 사실만 보자. 이걸로 세상이 끝나지 않으니 마음 편히 발표해."

아이는 안정을 찾은 후 등교했습니다. 수업을 마치고 돌아와선 생각보다 만족스럽게 수행 평가를 봤다며 웃었습니다.

우리는 일상에서 '잘하다'라는 말을 별생각 없이 사용합니다. 응원과 격려의 뜻으로, 혹은 칭찬과 축하의 의미로 사용합니다. 하지만 '잘하다'는 매우 평가적인 말로, 철저히 자신의 기준에서 상대를 평가하는 단어입니다. 평가는 긍정 아니면 부정의 두 가지로 나뉩니다. 부정적인 평가를 받고 싶은 사람은 없기 때문에, '잘해야 한다'는 생각이 드는 순간 몸과 마음은 긴장합니다. '잘하고 싶어서' 상대를 견제하고 비교하는 것은 두말할 것도 없고, 지나칠 경우 상대를 깎아내리거나 핑계를 대고 무력함을 호소하기도 합니다.

잘하는 것에 구체적인 수치나 기준이 있을까요? 40점을 받앉던 학생에게 50점은 잘 받은 점수지만 70점을 받았던 학생에게는 부족한 점수인 것처럼, 그 기준은 철저하게 개인적이고 상대적입니다. 또한 '잘하다'는 과정이 아닌 결과를 지향하는 단어입니다. 결과를 지향하면 과정을 충분히 음미할 수 없을 뿐만 아니라, 과정 자체를 무시하고 폄하하기 쉽습니다.

그렇다면, 아이에게 잘하라고 하거나 잘했다는 말 대신 어떤 말을 사용하면 좋을까요? 말을 건네기 전에 먼저 내 마음이 어떤 마음인지 내면을 봐야 합니다. '잘하라'는 격려, 응원, 지지, 수용, 협력, 믿음, 사랑, 관심, 연결, 소통과 같은 욕구로 인해 나온 말입니다. 잘하라는 말 대신 이와 같은 욕구들에 부합하는 말을 하면, 자녀에게 부담과 스트레스 대신 진심을 전달할 수 있습니다. 실은 잘하라는 말 대신 이렇게 이야기하고 싶었는데, 들어보거나 해본 적이 없어서 나오지 않았던 것입니다.

"엄마는 어떤 점수를 받든 너를 항상 응원하고 사랑해."

"엄마는 힘들어도 묵묵히 공부하는 네 모습을 볼 때 고맙고 든든해."

어떤 결과를 맞이하고 '잘했다'는 칭찬과 축하를 할 때는 어떤 욕구가 있을까요? 축하, 소통, 연결, 사랑, 관심, 친밀함, 공감, 안심, 안정, 보람, 성취, 편안함 같은 욕구가 충족되어 나온 말입니다. 그럼, '잘했다'는 말 대신 이렇게 말하면 어떨까요?

"그동안 고생했지? 얼마나 힘들었을까? 오랫동안 수고 많았어. 네 성과를 보니 가슴 벅차고 기뻐."

욕구를 인식하고 상황에 대한 객관적인 사실에 입각해 감정을 전달하면 '잘하다'라는 말보다 진심의 깊이와 전달의 강도가 깊어집니다.

그동안 너무 익숙하게 써왔기에 평가한다는 사실조차 모르고 사용하는 말이 일상에 흔합니다. 예쁘다, 잘생기다, 못생기다, 멋있다, 세련되다, 촌스럽다, 날씬하다, 크다, 작다, 많다, 적다, 맛있다, 맛없다, 길다, 짧다, 빠르다, 느리다, 부지런하다, 게으르다… 이와 같은 단어는 모두 평가의 단어입니다.

평가에서 벗어날 때, 오해 없는 진정한 소통과 연결을 시작할 수 있습니다. 평가가 아닌 상황에 대한 욕구와 감정부터 들여다보세요. 말과 행동은 물론 소통과 관계, 삶의 모든 답은 나에게 있습니다.

칭찬 중독에
빠진 건 아닌지 돌아보라

어린 시절, 저에게 최고의 칭찬은 '착한 아이'라는 말이었습니다. 착하고 부모님 말씀을 잘 듣는 온순하고 예쁜 아이가 최고의 칭찬이었기 때문에, 칭찬받기 위해 저는 마음에 없는 양보와 순종, 솔선수범을 했습니다.

칭찬과 인정을 위한 양보와 순종이었지만 그리 나쁘지 않았습니다. 더 많은 칭찬과 인정, 관심을 받기 위해 사회와 부모님, 다른 사람들이 정한 기준을 따랐고, 저 역시 그럭저럭 만족했습니다. 자아를 상실했다는 점을 제외하면 말이지요.

칭찬을 왜 할까요? 칭찬에는 동기부여와 상호 연결, 공감과 소통 같은 순기능이 있지만 칭찬의 의도와 방식에 예상치 않은 역기능이 존재합니다.

먼저 칭찬하는 의도입니다. 의외로 순수하게, 아무런 의도나 목적 없이 칭찬하지 않습니다. 대부분은 의도와 목적을 갖고 있습니다. '착한 아이, 좋은 학생, 일을 잘하는 동료, 근면성실한 직원, 꼭 필요한 인재, 친절한 사람'이라는 말을 할 때, 원하는 목적에 맞게 상대를 조종하려는 마음이 단 1%도 없을까요? 특히 부모님, 친구, 선생님, 직장 상사의 입장인 경우에는 칭찬을 하면서 충족되는 내면의 욕구가 무엇인지 짚어봐야 합니다. 상대방을 위한 칭찬일지라도 말이지요.

성장, 성취, 사랑, 관심, 인정, 안심, 연결, 소통, 보람, 존재감, 중요하게 여겨짐, 자기보호, 안정, 축하처럼 칭찬 뒤에는 여러 욕구가 존재합니다. 모두 다른 각자의 욕구에는 아무런 문제가 없습니다. 다만, 자신의 욕구가 중요한 만큼 상대방의 욕구가 중요하다는 사실을 인식하지 못한 채, 자신이 정해 놓은 기준과 틀의 견고함을 위한 조종의 방식으로 칭찬할 때 문제가 될 수 있습니다.

욕구에 매몰되면 스스로 정해 놓은 기준과 틀을 원칙과 정답으로 고수합니다. 정답이 있으면 정답에 맞추고 싶은 것이 본능입니다. 그래서 상대를 정답인 내 뜻에 맞게 조종하려고 합니다. 물론, 주로 무의식적으로 진행되기 때문에 자신의 의도를 알지 못한 채 칭찬하는 경우가 많습니다.

착함과 좋음, 잘함, 부지런함, 성실함과 친절함 역시 자신이 정해 놓은 틀과 기준에 부합할 때, 혹은 부합하기를 원할 때 칭찬합니다. 모호하면서 기준 없는 자신만의 생각과 기준에 따른 평가임에도 불구하고 말이지요. 이건 자신의 틀과 기준이 공고해지기 바라기 때문입니다.

이런 칭찬이 반복되고 칭찬에 따라 원하는 결과가 나타나면, 자신만의 틀과 기준은 단순한 생각과 믿음을 넘어서 신념으로 자리합니다. 신념으로 고착되면 신념을 위해 다른 것을 조종하거나 희생하는 것은 당연시됩니다.

그렇다면, 칭찬을 하는 경우에만 문제가 될까요? 고래도 춤을 추게 하는 칭찬인데, 칭찬받기를 싫어하는 사람은 아무도 없습니다. 인정 중독은 칭찬 중독이라는 말과 동일합니다. 어떤 대상 없이 견디지 못하고, 그 대상에서 의지적으로 벗어날 수 없을 때 중독이라고 표현합니다. 한두 번 받은 인정과 칭찬에서 만족하지 않고, 인정과 칭찬을 받지 못하면 불안하고 두려워서 더 많이 갈구할 때 칭찬 중독에 빠져있다고 할 수 있습니다.

생각보다 많은 사람이 칭찬 중독 상태입니다. 마실수록 갈증이 심해져 결국 죽음에 이르게 하는 바닷물처럼 칭찬 중독의 바다에 빠져 있지 않은지 점검해 보세요. 사랑, 관심, 인정, 안정, 연결, 유대, 소통, 존재감, 중요하게 여겨짐, 배려, 공감, 이해, 존중과 같은 욕구가 채워지지 않아서 칭찬에 목을 매고 있지 않은가요?

칭찬받고 싶은 마음이 클 때 상대방의 칭찬과 보상이 아닌, 나의 욕구부터 돌아봐야 합니다. 칭찬받기 위해 자신의 생각과 기준을 버리고 상대방이 원하는 기준과 방식에 맞추는 것은 스스로 조종당하기를 선택했다는 뜻입니다.

우리에게 필요한 것은 칭찬이 아닌 마음에서 우러나온 축하입니다. 사촌이 땅을 사면 함께 기뻐하고 축하해야 하는데 오히려 배가 아프다는 속담처럼 상대방을 축하해야 하는 순간에 진심 어린 축하가 나오기란 쉽지 않습니다. 그래서 진정한 친구는 어려울 때 도와주고 위로해 주는 친구가 아니라, 잘 됐을 때 함께 기뻐하고 축하해주는 친구입니다.

칭찬이 아닌 축하를 선택하세요. 축하는 왠지 낯설고 특별한 이슈가 있을 때만 하는 '특별한 것'이 아닙니다. 진정으로 상대방을 공감할 때 칭찬이 아닌 순수한 축하를 할 수 있습니다.

그렇다면 칭찬 외에 다른 방법으로 욕구를 충족하고 축하할 수 있는 방법은 무엇이 있을까요? 다른 사람의 기쁨에 진심으로 축하하면서 욕구를 충족할 방법을 찬찬히 생각해 보세요.

우리가 비슷한 삶의 패턴에서 벗어나지 못하는 첫 번째 이유는 다른 방법이 있다는 사실을 인식하지 못하기 때문이고, 두 번째 이유는 경험해 보지 않은 새로운 방법을 신뢰하지 못하기 때문입니다. 이미 겪어본 경험치, 기존 방법에 대한 의존과 충성심은 견고합니다. 그렇지만 기존과 다른 진정성 있는 소통과 연결을 하고 싶으면 용기를 내어 새로운 방법을 선택해야 합니다. 내가 조종당하고 싶지 않은 것처럼, 다른 사람 역시 조종당할 이유가 없습니다.

3장

사춘기 자녀와의 대화는 무엇이 달라져야 할까?

원하는 방향과 속도가 아니더라도, 존중하고 믿어라

고등학생이 되어 첫 중간고사를 치른 아이의 표정이 몹시 좋지 않았습니다. 대학에 가지 않겠다는 말로 시작해서 교육제도에 대한 불만을 꺼내놓더니 급기야 귀농, 이사, 이민, 유학 등 온갖 소리를 다 하며 울먹였습니다.

미술에 대한 아이의 진심과 학과 성적이 중요한 미대 입시의 특성을 알기 때문에 제 마음도 편치 않았습니다. 좋은 성적을 받으면 기분이 좋고, 기대에 미치지 못하면 속상한 것은 인지상정입니다. 생각보다 더 속상하고 힘들어하는 아이의 모습에 잠시 기운이 빠졌지만, 좋아하는 음식을 해주고 이야기를 들으며 아이의 마음에 공감했습니다.

"잘 보고 싶었겠지. 원하는 점수를 받으면 좋았을 텐데 아쉽고 속상하네. 엄마도 마음이 안 좋은데 너는 오죽하겠어?"

그리고는 아이를 꼭 안아주었습니다. 자녀가 원하는 것은 조언과 충고, 위로가 아닙니다. 아이는 성적이 좋지 않은 편이지만, 저는 공부하라고 잔소리하지 않습니다. 공부 못 하면 어떻게 된다는 협박도 하지 않습니다. 오히려 긴장을 풀어야 한다며 시험 전날에 넷플릭스를 본다는 아이와 함께 영화를 봤습니다. 아이를 사랑하지 않거나 방관하는 것이 아니라, 아이의 모든 선택을 존중하고 믿기 때문입니다. 공부 대신 영화를 본다는 선택과 그에 따른 결과를 스스로 선택하고 책임지는 사람이 되기를 바랍니다.

몇 번의 시도만으로 아이는 바르고 유익한 선택을 할 수 없습니다. 수많은 실수를 통해 무엇을, 어떻게, 왜 선택하고 책임져야 하는지 배울 수 있습니다. 실수를 두려워하지 않고, 실수와 자신을 분리해서 성장의 동력으로 받아들이고 활용하기 위해서는 지난한 과정이 필요합니다. 과정은 그 누구도 대신해 줄 없습니다. 오직, 아이 자신이 감당해야 하는 부분입니다. 저는 아이가 그 과정을 포기하지 않도록 돕는 사람, 아이가 홀로 걸을 수 있을 때까지 함께 걷는 사람이라는 사실을 잊지 않습니다.

제가 원하는 방향과 속도는 아니지만 아이를 존중하려고 노력합니다. 예전의 저는 불안과 조바심이 많은 엄마였습니다. 남들이 한다는 좋은 것은 다 했습니다. 유명한 전집과 교구는 물론 문화센터, 유치원, 학교, 학원, 좋은 옷과 유모차를 비롯해 좋다는 것은 거의 다 해봤습니다. 그러나 시간이 흐른 후 이 모든 것은 아이가 아닌 엄마인 저의 불안을 잠재우기 위한 임시방편이었다는 사실을 깨닫고, 더 이상 불안을 다른 것에 전가하지 않기로 했습니다.

물론 사랑하기 때문에 더욱더 두렵고 불안이 몰려올 때가 있습니다. 지금도 시시때때로 아이들에게 그런 마음이 드는 것은 사실입니다. 하지만 불안과 두려움에 사로잡혀 했던 행동이 결코 저를 불안에서 해방시키지 못한다는 사실을 알기에 더 이상 흔들리지 않습니다.

원하는 방향과 속도가 아니더라도, 각자의 속도와 방향을 존중하고 믿을 때 자신의 모습으로 빛날 수 있음을 믿습니다. 좋은 대학, 많은 연봉, 남들이 알아주는 직업과 직장이 아니어도 스스로 선택한 삶에서 행복과 기쁨을 누리고 나누는 사람이 되기를 진심으로 바랍니다.

성적이 좋지 않아서 좋은 직장에 취직하지 못할 것 같다고 울상인 아이에게 말했습니다.

"너는 직업을 갖고 직장에 들어가기 위해서 태어난 게 아니야. 사람은 직업인, 직장인으로 살려고 태어나지 않았어."

"그럼 왜 태어났어?"

"왜 태어났을까? 그건 네가 삶을 통해 수없이 질문하며 깨달아야지. '나는 왜 태어났을까? 그리고 한 번 뿐인 인생을 어떻게 살아야 할까?' 하고 말이야."

"그건 잘 모르겠지만, 분명한 건 성적이 좋아야 알바라도 할 수 있는데…. 하고 싶은 게 많은데 돈은 어떻게 벌어? 나는 왜 이 모양이지? 대학 못 갈 것 같아…."

"이번 시험 점수가 네 삶의 결과도 아니고, 너 자신도 아니야. 아직 1학기 기말고사, 2학기 중간과 기말고사, 이렇게 1학년 시험만 해도 세 번이나 남았어."

"세 번밖에 안 남았잖아!"

"생각하기 나름이지만, 명백한 사실은 이번 한 번으로 인생이 결정되지 않는다는 거야. 그리고 만약 대학에 떨어지면 재수를 할 수도 있고, 또 다른 방법을 찾으면 돼. 방법은 찾지 않아서 그렇지 뭐든 찾으면 있어."

"남들 대학 갈 때 못 가면 최소 1~2년은 늦어지잖아."

"사람이 다 다른데 어떻게 똑같은 속도나 방법으로 살겠어? 그리고 인생 100년 중에 1~2년 늦는다고 큰일 나지 않아. 엄마를 봐. 큰일 나는 것 같아? 사람은 모두 다른 각자의 삶을 사는 거야."

아이의 침통함은 하루 이틀 지나며 차츰 걷혔습니다. 물론 속상하고 걱정하는 만큼 열심히 공부하지는 않습니다. 하지만, 이 역시 아이의 선택이기 때문에 아이의 모든 선택을 수용하고 지지합니다. 진심으로요.

KEY POINT

부모가 자녀의 다름을 존중하고 진심으로 지지할 때, 자녀는 실수하는 자신을 두려움 없이 받아들일 수 있습니다. 그리고 실수를 성장의 동력으로 삼는 진정한 성인으로 자랄 수 있습니다.

눈치에서 벗어나
나부터 사랑하고 배려하라

저는 어릴 때부터 눈치가 빠른 편이었습니다. 타고나길 예민해서 모든 감각의 반응이 빠른 데다, 사이가 좋지 않은 부모님 사이에서 눈치를 보며 살펴야 했기 때문에 다른 사람의 상황과 생각, 감정을 읽는 일이 익숙했습니다. 눈치를 봐야 저를 보호하고 지킬 수 있었기 때문입니다.

하지만, 그 과정은 상당히 피곤하고 에너지 소모가 많았습니다. 간혹 최선을 다해 상황을 살핀 후 안도해도 될 것 같은 시점에 예상과 달리 혼이 나거나 눈치가 없다는 말을 들으면 어찌나 서운했는지 모릅니다. 때로는 저의 배려에 감사를 표하지 않는 상대방에게 서운함 이상의 화가 나기도 했습니다. 당시에는 왜 화가 나는지 알 수 없었습니다. 성인이 되어서도 배려의 뒷자리에 앙금처럼 가라앉은 뻑뻑한 화에 스스로 놀란 나머지 자괴감에 빠지곤 했습니다.

돌이켜 생각해 보면, 저는 다른 사람을 배려한 것이 아니라 눈치를 봤던 것이었습니다. 표면상 배려의 모습으로 나타났지만 배려는 대가 없는 마음이고, 눈치는 그에 따른 보상을 바라는 마음입니다. 제가 바라던 보상은 인정과 관심이었습니다. 그러나 받고 싶은 인정과 관심을 받지 못하자 억울함이 차곡차곡 쌓였고, 쌓인 억울함은 화로 응축되었습니다.

사람들의 인정과 관심을 얻기 위해 삶의 주도권을 타인에게 넘겨준 대가는 오래도록 저를 아프고 힘들게 했습니다. 게다가 저만 아프고 힘든 것이 아니었습니다. 어느덧 아이들도 저를 비롯해 다른 사람의 눈치를 살피고 있었습니다.

아이들은 눈치 보는 사람이 아닌 자신을 배려하는 사람으로 살기 원했는데, 정작 나타난 모습은 전혀 그렇지 않았습니다. 가슴이 무너졌지만 당장 아이들을 바꿀 수는 없었습니다. 저와 비슷해 보이는 모습에 조바심이 났지만, 그럴수록 아이들이 아닌 저 자신에게 집중했습니다.

어떻게 하면 눈치 보는 아이, 주눅 든 아이가 아닌 배려심 있는 아이로 키울 수 있을까요? 자녀의 변화를 원할 때 부모는 자녀에게 집중합니다. 책임감 있게 자녀를 가르치고 인내해야 한다고 생각합니다. 저 역시 저는 보지 않은 채 아이들만 바라봤습니다. 아이들에게 도움이 된다고 판단하면, 능력 이상의 시간과 에너지, 물질을 쏟아부었습니다. 그렇지만 변화는 일어나지 않았고, 제 기대와 다른 아이들의 모습에 점점 더 화가 나고 속이 상했습니다.

자녀의 변화는 부모로부터 시작합니다. 부모가 변하지 않으면 자녀는 결코 변하지 않습니다. 변화를 위해, 다른 사람의 인정과 관심이라는 굴레에서 벗어나기로 했습니다. 다른 사람의 인정과 관심을 얻기 위한 필요 이상의 친절과 선행을 베풀지 않기로 했습니다. 그보다 가장 먼저 저를 배려했습니다. 이때 '다른 사람'에는 아이들도 포함됩니다. 제가 저를 힘들고 아프게 하는데 더 이상 남의 인정과 관심 따위는 중요하지 않았습니다.

그동안 저를 배려해 본 적이 없었기 때문에 처음엔 너무 어색했고, 어떻게 하는 것이 배려인지 알 수 없었습니다. 그래서 한 가지 기준을 세웠습니다.

'나를 최우선으로 두고 다른 사람에게는 가볍고 기쁜 마음으로, 대가를 바라지 않고 할 수 있는 경우에만 시간과 에너지,

돈을 사용하자.'

어쩔 수 없이 끌려다니는 삶이 아닌 스스로 이끄는 삶을 선택하기로 했습니다. 눈치에서 벗어나 저를 사랑하고 배려하자, 다른 사람들을 사랑하고 배려할 몸과 마음의 여유가 생겼습니다. 어쩔 수 없어서 하는 것이 아닌, 기쁜 마음으로 제안하고 도울 수 있게 되었습니다. 저의 바뀐 생각과 행동은 아이들에게 영향을 미쳤고, 아이들 역시 오랫동안 눈치를 봐왔던 생활에서 벗어나 조금씩 자신을 배려하고 상대방을 배려하는 삶을 살게 되었습니다.

지금도 저는 가끔 눈치와 배려 사이에서 길을 잃습니다. 오랫동안 저를 지배한 욕구와 감정은 이토록 무섭습니다. 때로 아이들이 제 눈치를 보면 좋겠다는 생각이 들다가도, 이런 생각을 하는 저 자신이 미워지고 마음이 슬퍼집니다. 그럼에도 불구하고, 매일 조금씩 진정한 배려에 가까워지는 저와 아이들의 모습에 감사하고 행복합니다.

"엄마, 우리 없는 동안 엄마가 보고 싶은 영화 보고 푹 쉬어!"

"엄마, 생수는 무거우니까 내가 들여다 놓을게."

"엄마, 내가 플라스틱 버릴 테니 엄마가 음식 쓰레기 버려줄 수 있어?"

KEY POINT

엄마가 먼저 엄마 자신을 배려해야, 아이들도 눈치 보는 아이가 아닌 배려하는 아이로 자랄 수 있습니다. 나는 나를 어떻게 배려할 수 있을까요?

자녀에게 필요한 것은 뇌물이 아닌 선물이다

대부분은 결과를 이루어야 사랑받는 조건적인 사랑에 익숙합니다. 좋은 결과를 만들고 그 대가로 성취와 성공을 얻기도 합니다. 하지만, 이렇게 조건적이고 평가적인 결과에만 집중하면 조건을 충족하지 못했을 때 자신은 사랑받을 수 없다고 생각합니다. 만약 조건 자체가 존재하지 않으면 사랑에 대한 기대조차 할 수 없어서 심한 불안을 느끼기도 합니다. 그래서 우리는 보다 높은 조건을 세우고 결과에 집착하는 경우가 많습니다. 결과의 질이 곧 내가 받는 사랑의 질이고, 나 자신이라고 여기지요.

이런 상황이 지속되면 스스로 조건을 세우고 이루기를 반복하면서 조건을 만족시키기 위한 삶을 살게 됩니다. 조건을 충족하지 못하면 스스로 부족하고 못난 사람으로 인식합니다. 성과를 냈음에도 불구하고 만족하지 못하고 자존감과 자기 효능감이 낮아집니다. 작은 실수를 용납하지 못하고 자신을 가혹하게 대합니다. 또한 자신의 존재 자체에 대한 사랑이 아닌 남들의 좋은 평가와 판단, 결과에 끌려다니면서도 전혀 인식하지 못합니다. 결국 스스로 삶의 주인 자리를 버리고, 다른 사람에게 인정받기 위해 쉼 없이 작동하는 기계 부속품과 같은 삶을 살게 됩니다.

자녀가 좋은 성적을 받거나 원하는 결과가 나오면 어떻게 칭찬하시나요? 결과에 대한 칭찬을 하시나요? 아니면 노력한 과정을 온전히 존중하고 축하해주시나요? 자녀에게 필요한 것은 칭찬이 아닌 진심 어린 축하와 아무도 모르게 쌓아 온 지난한 과정에 대한 존중입니다.

때로는 학원을 빠지고, 놀러 가고, 잠을 자고, 게임을 하고 싶었지만, 수많은 유혹에도 묵묵히 자신의 길을 걸은 자녀에게 칭찬을 대신하여 진정한 축하를 해야 합니다. 사람들은 결과로 판단하지만, 부모는 자녀의 과정을 누구보다 잘 알고 있습니다. 함께 울고 웃은 시간 속에 이루어진 성장과 성취를 진심으로 축하해주세요. 아이와 이렇게 대화해보면 어떨까요?

- **원하는 점수가 나오지 않아서 속상해하는 경우**

    원하는 점수가 나오지 않아서 속상하지? 엄마도 이렇게 속상한데 너는 얼마나 속이 상할까? 그래도 그동안의 노력이 사라진 건 아니니, 일단 네 맘과 몸부터 추스리면 좋을 것 같아. 뭘 하면 좋을지 혹시 엄마의 도움이 필요하면 이야기해 줄래?

- **원하는 점수가 나와서 기뻐하는 경우**

    그동안 하고 싶은 게임도 꾹 참고, 늦게 자고 일찍 일어나서 공부하는 너를 보면서 엄마는 안쓰럽지만 든든했어. 지루하고 힘든 시간을 견뎌줘서 고마워. 이 기쁨을 어떻게 누리면 좋을까?

존재 자체에 대한 수용과 사랑이야말로 부모가 자녀에게 줄 수 있는 가장 큰 선물입니다. 하지만 이 선물은 가장 받기 어렵고 주기 힘든 선물이기도 합니다. 어린 시절, 부모님께 정말 받고 싶은 것은 무엇이었나요? 유명 브랜드의 운동화와 옷, 최신 유행 게임기를 갖지 못해서 속상한 적이 있을 것입니다. 그러나 정말 속상했던 이유는 물건을 받지 못해서가 아닙니다. 그 물건을 통해 확인하고 싶었던 부모님의 사랑과 관심을 못 받았다는 생각 때문입니다.

사랑을 다른 것으로 포장하려고 애쓰지 마세요. 사랑 그 자체로 충분합니다. 언제, 어디서나 줄 수 있다는 생각으로 미뤄두지 말고, 아이에게 지금 바로 선물을 건네주세요. 조건을 붙인 선물은 선물이 아닌 뇌물입니다. 자녀에게 필요한 것은 뇌물이 아닌 선물이라는 사실을 기억하세요.

KEY POINT

자녀에게 필요한 것은 뇌물이 아닌 선물입니다. 나는 선물을 어떻게 전할 수 있을까요? 자녀에게 하고 싶은 말을 지금 바로 적어보세요.

_____

_____

_____

모든 불행의 씨앗은 비교다

모든 부모가 자녀와 좋은 관계로 지내고 싶어 합니다. 특히 갈등이 최고조에 이르는 사춘기에는 좋은 관계까지는 아니어도 원만한 관계는 유지하고 싶어 하지요. 사춘기는 자녀의 이해할 수 없는 행동과 돌변한 모습에 부모 역시 상처받는 고달픈 시기입니다. 그렇기 때문에 더더욱 부모로써 해야 할 것에 집중하곤 합니다. 그러나 이 시기에는 해야 할 것보다 하지 말아야 할 것에 집중해야 합니다. 해야 할 것을 해도 아이에게는 그리 와닿지 않습니다. 오히려 하지 말아야 할 것을 하지 않을 때, 자녀와 감정의 골이 깊어지는 것을 막을 수 있습니다.

그중에서도 비교는 절대 금물입니다. 비교당하는 것을 좋아하는 사람이 있을까요? 특히나 편도체가 활성화되고 전두엽

이 발달하지 못한 사춘기의 두뇌는 작은 비교에도 홍수에 둑 방이 무너지듯 순식간에 마음이 무너집니다. 성적, 외모, 취미와 생활 습관은 물론 나와 모든 게 다른 자녀의 다름을 존중하고 받아들여야 합니다.

"왜 다른 애들처럼 하지 못해? ○○는 한 개 틀렸다는데 너는 어떡하려고 그래? 엄마니까 걱정돼서 너 잘 되라고 하는 말이야."

비교는 공격심과 적개심을 키웁니다. 또한, 분노를 차곡차곡 쌓았다가 폭탄처럼 한순간에 터뜨리는 특성을 갖고 있습니다. 사춘기라고 모두가 걸핏하면 욱하고 짜증 내지 않습니다. 혹시 부모가 먼저 욱하게 할 말과 행동을 하지는 않았는지 생각해 보세요. 저 역시 아이들이 100% 만족스럽지 않습니다. 하지만 나도 내가 100% 만족스럽지 않은데, 나와 다른 인격체인 아이가 어떻게 내 맘에 만족스러울 수 있을까요?

간혹 동기부여를 위해 비교로 자극한다고 하지만, 사춘기 아이들에게는 전혀 도움 되지 않습니다. 오히려 자존감을 깎아내리고 수치심과 분노를 키울 뿐입니다. 더불어 아이들 역시 자신이 당한 비교를 부모에게도 똑같이 투영합니다. 직업, 경제력, 성격, 외모, 생활 습관 모두 부모가 자신에게 한 그대로 동일하게 비교합니다.

'저 집은 아빠가 전문직인데. 다른 애들은 강남에 사는데. 엄마 닮아서 코가 낮아. ○○는 방학 때 미국으로 여행 간다는데…'

모든 불행의 씨앗인 비교는 비교를 낳습니다. 부모가 자녀에게 성적과 점수, 생활 태도나 습관으로 잔소리하는 이유는 '사랑하는 자녀의 행복과 미래' 때문이라고 합니다. 하지만 비교는 현재의 행복은 물론 과거와 미래의 행복 역시 앗아갑니다. 행복하지 않은 사람이 어떻게 미래를 꿈꿀 수 있을까요? 현실에서 행복을 누리고 느낄 때 미래의 행복 역시 생생하게 믿고 그릴 수 있습니다.

자녀의 진정한 행복을 원한다면 비교하지 마세요. 그럼에도 자꾸 다른 집 아이들이 눈에 들어오고 불안한 마음이 든다면 부모 자신의 욕구를 들여다보세요. 친구네 아이, 옆집 자녀가 왜 좋아 보이고 부러울까요? 부러움, 착잡함과 불안, 속상함 뒤에 있는 욕구를 찾아보세요. 인정, 성취, 보람, 소통, 연결, 성장, 자기보호, 안심, 안전, 예측가능성, 사랑, 관심 같은 욕구가 충족되지 않아서 느낀 감정일 수 있습니다.

비교는 자신의 욕구와 감정을 어떻게 충족하고 해결해야 할지 모를 때 하게 됩니다. 하지만 자신의 욕구는 스스로 해결해야 합니다. 자녀를 통한 충족은 대리 만족이기 때문에 반드시 한계에 봉착하게 되어 있습니다. 한계의 끝에서 맞이하는 것은 허무함과 공허함 밖에 없습니다.

　잔소리와 비교 외에 어떻게 욕구를 충족할 수 있을까요? 방식에 변화가 필요합니다. 기존 방식으로 서로가 힘들었다면 다른 방법을 찾아서 시도해 보세요.

KEY POINT

옳은 말로 관계가 좋아지지 않는 것처럼, 잘 되라고 하는 비교 역시 득보다 실이 많습니다. 초점을 맞추어야 하는 것은 다른 사람이 아닌 나와 내 자녀입니다. 누구를 위한 비교인지 자신과 정직하게 마주하세요.

지금 당장 부모가
변해야 한다

    몇 년 전 일입니다. 예고 입시를 준비하던 큰 아이가 추석 연휴에도 추석 당일 하루만 쉬고 학원에 갔습니다. 그런데 오후에 고열이 나서 일찍 마무리하고 돌아왔습니다. 벌겋게 들뜬 얼굴로 누우면서도 일주일에 한 번 유일하게 쉬는 시간인 일요일 오후에 대한 미련을 버리지 못했습니다.

"엄마, 내일 오후에는 뭐할까?"

"아프니까 일단 열 내리고 나서, 내일 상황 보고 정하자. 나으면 어디는 못 가겠어?"

    아파서 끙끙거려도 나가고 싶어 하다니 기적과도 같은 일이었습니다. 불과 3년 전, 초등학교 고학년 때만 해도 불안과 우울로 집에서 꼼짝하지 않던 아이였습니다. 그랬던 아이가 예고 입시 중에도 매일 15층 계단을 올라서 집에 오고, 가고 싶고 하고 싶은 것이 많아서 열 손가락이 모자랄 지경이 되었습니다.

열이 내린 후 아이가 가고 싶어 한, 우리 가족의 소울 플레이스인 서촌에 다녀왔습니다. 서촌에서 돌아오는 길에도 다음 일요일에는 어디에 가서 무엇을 할지, 뭘 먹을지 아이는 행복한 고민을 했습니다. 이렇게 열정적이고 에너지가 많은 아이가 ADHD와 구순구개열이라는 타고난 연약함과 부모의 이혼으로 오랜 기간 자신을 잃고 우울과 불안의 늪에 빠져있던 모습을 생각하니 심장이 저릿저릿했습니다.

어떻게 하면 아이를 변화시킬 수 있을까요? 부모가 변하지 않으면 자녀는 절대 변하지 않습니다. 자녀를 가장 빨리 변화시키는 방법은 지금 당장 부모가 변하는 것입니다. 불안과 우울, 무기력, 혹은 분노와 원망, 짜증으로 점철된 아이를 변화시킬 수 있는 사람은 외부에 있지 않습니다. 자녀에게 필요한 것은 전문가가 아닌 진정한 연결과 소통 속에 사랑으로 믿고 기다려주는 부모입니다. 자녀에게 가장 필요한 것은 정답을 제시하는 선생님이 아닌, 해답을 찾을 수 있도록 동행하는 동반자입니다.

아이에게 올바른 방향을 제시하기 위해서는 부모 먼저 올바른 것을 선택하고 실행하는 용기가 필요합니다. 저는 아이가 아닌 저 자신을 위해 먼저 꿈을 꾸고, 걷고, 건강한 식습관을 갖고, 규칙적인 생활을 하고, 읽고, 쓰고, 밖으로 나갔습니다. 꼼짝하지 않고 집에 있는 아이를 원망하기 전에, 외부 활동의 즐거움을 느낄 수 있도록 먼저 찾고 함께 움직였습니다. 삶에는 고통과 불안뿐만 아니라 즐거움과 재미가 있다는 사실을 알려주기 위해, 제가 먼저 세상을 탐구하고 기쁨을 누렸습니다. 누려본 사람이 나누고 전할 수 있으니까요.

새벽에 스트레칭과 홈 트레이닝을 하는 제 모습을 보며 큰아이 역시 자기 전에 운동을 합니다. 비가 오나 눈이 오나 걷는 저를 보며 둘째는 비가 와도 비를 맞으며 자전거를 타고, 생각을 정리하기 위해 산책을 합니다. 매주 도서관에서 책을 빌리고 서점에 가는 제 모습에 아이들은 서점에 가는 것을 즐거워하게 되었고, 함께 책을 읽습니다. 건강한 식재료를 사용해 음식을 만들고 도시락을 싸주었더니 아이들 역시 건강한 식습관을 지니게 되었고, 자극적인 음식을 멀리하게 되었습니다.

매일 감정 일기와 감사 일기를 작성하고 감정과 욕구를 찾으며 공감했더니, 아이들 역시 감정 일기와 감사 일기를 작성하고 스스로 공감하게 되었습니다. 옳고 그름에 대한 판단이 아닌 사실을 관찰해 저의 욕구와 감정, 그리고 서로의 욕구를 존중하는 본질대화를 했더니 웃음과 대화가 끊이지 않는 가족이 되었습니다.

내가 변하지 않고 변화시킬 수 있는 것은 아무것도 없습니다. 일단 나부터 먼저 변화하세요. 내가 변화할 때, 비로소 다른 사람을 변화시킬 수 있습니다.

KEY POINT

나를 제외하고 자녀만 변화시키는 방법은 존재하지 않습니다. 자녀를 변화시키고 싶으면 먼저 내 말과 행동부터 하나씩 변화시키세요.

공감의 시작은
자녀의 눈을 통해 보는 것

 '공감'의 정확한 뜻을 아시나요? 공감을 모르는 사람은 없지만, 정확한 뜻을 아는 경우는 많지 않습니다. 공감의 의미를 물어보면 대부분은 '다른 사람의 의견, 주장, 감정에 대해 자신도 그렇다고 느끼는 것'을 공감이라고 합니다. 그건 공감이 아닌 '동감'입니다. 공감은 '상대방의 느낌이 나와 다르더라도 상대방의 입장에서 그 느낌이 이해된다'라는 의미입니다. 자녀의 눈을 통해 보는 것, 그것이 공감입니다.
 실생활에서, 특히나 매일 부딪치는 가족 간의 서로 다른 의견과 느낌을 공감하기란 여간 어려운 게 아닙니다. 오토바이를 타고 질주하는 폭주족이 멋있다며 따라하고 싶어 하는 아이, 연예인처럼 날씬해지기 위해 끼니를 거르고 시종일관 거울 앞에 붙어 있는 아이를 보면서 공감하기란 쉽지 않습니다. 대체 어떻게 이런 순간에도 공감하라는 건지, 오히려 화가 날 수도 있습니다.

이처럼 공감하기 정말 어려운 순간에 해야 할 것은 '상대방'에 대한 공감이 아닙니다. 먼저 '나 자신'에 대한 공감이 필요합니다.

- **오토바이를 타고 질주하는 폭주족을 멋있다며 따라하고 싶어 하는 자녀를 보며, 어떤 느낌이 드나요?**

    걱정되는, 신경 쓰이는, 뒤숭숭한, 불안한, 막막한, 답답한, 속상한, 실망스러운, 당황스러운, 맥이 빠지는

- **찾은 감정 뒤에 숨어있는 욕구는 무엇인가요?**

    소통, 연결, 배려, 존중, 공감, 이해, 상호성, 협력, 예측가능성, 안전, 안도, 자기보호

- **연예인처럼 날씬해지기 위해 끼니를 거르고 거울 앞에 붙어 있는 자녀를 보며 어떤 느낌이 드나요?**

    걱정되는, 신경 쓰이는, 불안한, 근심되는, 난처한, 속상한, 슬픈, 공허한, 무기력한, 질린, 화나는, 짜증나는

- **찾은 감정 뒤에 숨어있는 욕구는 무엇인가요?**

    존중, 배려, 소통, 공감, 이해, 협력, 사랑, 안도, 정서적 안전, 자기보호, 안정, 효능감

자녀의 문제가 아닌 내 내면의 욕구를 찾으면 요동치는 마음에 안정을 느낄 수 있습니다. 공감은 해결이 아닙니다. 공감받았다고 느낄 때, 그래서 긴장과 스트레스가 누그러지고 마음이 잠잠해질 때를 떠올려 보세요.

친구에게 나를 화나고 힘들게 한 사람에 대해 토로하면 친구는 열심히 맞장구 치면서 들어줍니다. 친구와 대화를 나누고 현실이 달라졌나요? 전혀 그렇지 않지만, 마음이 한결 가벼워집니다. 이것이 바로 공감의 힘입니다. 문제가 해결되지는 않지만 현재를 딛고 살아갈 힘을 주는 것이 공감입니다. 우리는 나 자신 외에 아무것도 변화시킬 수 없습니다. 그렇기 때문에 변화시킬 수 있는 나, 내 마음을 안정적이고 단단하게 만들 필요가 있습니다. 항상 남이 내 이야기를 들어주거나 공감할 수 없기 때문에 스스로 공감하는 자기공감의 일상화가 필요합니다. 자기공감을 잘 하는 엄마가 자녀공감은 물론 연결의 대화를 할 수 있습니다.

자기공감 하는 방법

1. 공감은 해결과 관계없이 수용 그 자체이니, 해결에 집착하지 않습니다. 나에게 당면한 문제와 고민에서 한 걸음 뒤로 물러나 현재의 감정에 집중합니다.
2. 현재 느끼는 감정을 모두 적어보세요. 불안, 초조함, 짜증, 분노, 서운함, 외로움 그 무엇이라도 괜찮습니다.
3. 감정 뒤에 숨겨진 욕구를 찾아보세요. 무엇이 필요하기 때문에 불안, 초조함, 짜증, 분노, 서운함, 외로움을 느꼈을까요?
4. 공감, 이해, 인정, 수용, 사랑, 관심 등등 찾은 욕구의 중요성을 인식하며, 소리 내어 말하거나 글로 작성합니다. "나는 공감, 이해, 인정, 수용, 사랑, 관심의 욕구가 중요하구나."
5. 욕구의 중요성을 소리 내어 이야기하거나 글로 작성하면 마음이 안정되는 것을 느낄 수 있습니다. 공감을 통해 문제 자체의 해결은 일어나지 않지만, 자신의 욕구를 정확히 인식하고 수용하는 자기공감을 통해 마음에 평안이 깃듭니다.
6. 마음의 평안을 통해 문제를 해결할 다른 방법을 찾을 수 있고, 다른 방법을 찾지 못해도 공감이 주는 힘으로 다른 사람이 아닌 자신을 진심으로 이해하고 공감할 수 있습니다. 진정한 공감은 '통제할 수 없는 외부'가 아닌 '통제할 수 있는 나 자신'을 돌보고 집중하게 합니다.

> 7. 자신에 대한 공감이 익숙해지면 자녀의 감정과 욕구를 살필 수 있습니다. 내 감정과 욕구를 수용하고 공감한 것처럼, 이해할 수 없는 자녀의 감정과 욕구 역시 살필 수 있습니다.
> 8. 자기공감은 철저히 나 자신을 위한 것이지만, 온전히 나를 사랑하고 돌볼 때 자녀 역시 사랑으로 돌볼 수 있습니다.

자기공감은 자기자비로 이어집니다. 공감과 마찬가지로 자신을 사랑하고 가엾게 여길 때 자녀 역시 자애롭게 대할 수 있습니다. 캐나다 매니토바대학교의 신디 린 밀러Cindy Lynne Miller 연구자에 의하면, 자기 자신에게 따뜻한 시선과 응원을 보낼 줄 아는 사람들이 그렇지 않은 사람들에 비해 아이를 양육할 때에도 더 죄책감이 적은 것으로 나타났습니다. 자기공감과 자기자비가 높은 사람들은 그렇지 않은 부모에 비해 충분한 수면, 건강한 식습관, 마음챙김 등 자기 자신을 돌보는 건강한 행동 또한 더 많이 하는 것으로 나타났습니다.

처음부터 공감을 잘하고, 대화를 수월하게 하는 사람은 없습니다. 매일 시간을 내서 자기공감을 연습하고 자신을 돌봐주세요. 진정으로 나의 원함을 찾아서, 인식하고, 수용하고 보듬는 것이 자기공감입니다. 다른 사람이 알아주기를 바라지 말고, 내가 내 마음을 알아주어야 합니다. 감정을 아는 것에서 그치지 말고 필요(욕구)를 인식할 때 진정한 돌봄이 일어납니다. 억지로 자녀를 공감하는 척하지 말고, 나 자신부터 진심으로 공감하세요. 나를 진정으로 공감할 수 있는 사람은 오직 나 한 사람입니다.

KEY POINT

다른 사람에게 공감을 바라거나 기대하지 않고, 자기공감을 하는 부모가 자녀 역시 공감할 수 있습니다. 오늘부터 시간을 정해서 자기공감을 시작하세요.

본질이 사라진 대화는
상처만 남긴다

    상당히 오랜 기간, 저는 '나는 대화를 잘한다'라는 착각에 빠져있었습니다. 온화하고 부드러운 말투로 바르고 고운 말을 사용했고, 명령조가 아닌 청유형의 대화를 했기 때문입니다. 온화하고 부드러운 말투, 바르고 고운 말, 청유형은 대화의 본질 아닌, 형식이라는 비본질입니다. 그럼에도 저는 스스로 올바른 대화를 한다는 일종의 자부심을 갖고 있었습니다. 하지만 찍어서 잘 맞은 시험점수는 계속 유지되지 않고 화장을 지우면 민낯이 드러나는 것처럼, 겉모습에 치우쳐 껍데기만 있는 대화는 들통이 나게 마련입니다.

    저는 뜻대로 대화가 풀리지 않으면 입을 꾹 다물었습니다. 차마 화를 내지는 않았지만, 상대방을 소리 없이 원망하고 비난했습니다. 대화 형식만 보면 제가 아닌 상대방의 문제였기 때문에, 얼마든지 상대방을 탓할 수 있었습니다. 졸지에 상대방은 무례하고 기본 없는 사람이 되었습니다. 저는 옳은 사람, 상대방은 그른 사람으로 규정되었습니다. 한번 낙인을 찍은 사람에게 또 다른 기회마저 주고 싶지 않았기 때문에, 피할 수 있으면 최대한 피하고 마주하지 않았습니다. 그리고 이런 모습은 일종의 패턴으로 굳어져서, 대화가 안 된다고 생각하면 피하거나 연락을 끊었습니다.

그러나 이제는 왜 이런 패턴을 갖게 되었는지 알고 있습니다. 당시의 저는 본질이 아닌 형식을 본질로 떠받들었고, 그것이 전부인 줄 알았습니다. 더불어 우월감과 그릇된 정의감까지 지니고 있었습니다.

저에게는 자기보호, 예측가능성, 안심, 안정, 안전, 수용, 존중, 배려가 상당히 중요한 욕구입니다. 이런 욕구가 충족되지 않으면 회피, 서서히 연락 줄이기, 연락 끊기를 선택했고, 일정 부분과 기간 동안 이런 방식이 욕구를 채우는 데 도움이 된 것은 사실이었습니다.

하지만 매번 동일한 방식과 같은 패턴으로 욕구를 채울 수는 없습니다. 모든 상황에 동일한 방식을 적용해서 욕구를 충족하면 좋겠지만, 본질이 아닌 비본질에 따라 행한 방법의 유효 기간은 기대보다 짧습니다. 부작용도 만만치 않습니다.

대부분은 대화의 목적인 연결을 잊은 채, 이기는 대화에 몰두합니다. 그래서 고압적이고 무례한 말로 자신의 뜻을 관철시킬 수 있다고 생각합니다. 반면에 어떤 경우에는 상대방에게 무조건 맞추고 굴복하면서 조종하려고 합니다. 하지만 이런 방식으로는 진정한 대화가 불가능합니다. 일시적으로는 원하는 바를 채울 수 있지만, 공격과 굴복으로 대화의 본질인 연결과 소통이 가능할까요?

또한, 청산유수처럼 매끄러운 형식에만 충실한 대화 역시 진정한 소통과 연결을 방해할 수 있습니다. 본질이 사라진 대화는 대화의 목적인 소통과 연결을 끊어버립니다. 저는 저의 대화 패턴을 분석하고 이해하면서, 다른 사람들 역시 드러난 형식에 치중해 대화 전체를 규정하고 판단하는 실수를 저지른다는 사실을 알게 되었습니다.

말하지 않고 살 수 없습니다. 말은 소통과 연결의 기본입니다. 뿌리가 튼튼해야 싹이 트고 줄기가 자라 가지를 치고 꽃이 피는 것처럼, 대화도 그렇습니다. 본질이 사라진 대화는 서로에게 날카로운 칼과 창이 됩니다. 찌르고 자르고 상처만 입히지요.

어떻게 표현해야 할지 몰라서 서투르게 표현하고 후회하적이 있으신가요? 대화의 껍데기가 아닌 내면의 욕구를 바라보세요. 껍데기를 걷어내야 본질이라는 속살을 만날 수 있습니다.

KEY POINT

대화의 껍데기에 치중하면 본질을 놓치게 됩니다. 대화의 목적은 승리가 아닌 '연결'입니다. 대화의 중심에 있는 나와 상대방의 욕구를 바라보세요. 욕구 차원에서는 모두가 연결될 수 있습니다.

아직도 자녀를 이기기에 힘쓰는 대화를 하는가?

대부분의 사람들이 예전의 저처럼 형식이라는 껍데기에 치중한 대화를 하곤 합니다. 껍데기는 여러 모습을 띠고 있습니다. 강요와 굴복, 공격과 협박, 미사여구와 아첨, 대화의 스킬과 원리 원칙에 입각해 소위 말하는 '영혼 없는 서비스용 대화' 등등 다양한 모습으로 나타납니다. 그중에서도 제일 빈번히 나타나는 껍데기는 옳고 그름을 따져서 이기기에 힘쓰는 대화라고 할 수 있습니다. 자신의 옳음을 증명해서 이기는 것이 대화의 목적이고, 옳음을 증명하면 완성된 대화라고 생각합니다.

이기고 나면 어떠신가요? 기분이 좋지요. 남녀노소 누구나 할 것 없이 어깨에 힘이 들어가고 입꼬리가 올라갑니다. 기분이 좋지 않은 것보다 좋은 것이 낫습니다. 축 처진 어깨와 내려간 입꼬리 보다 올라간 어깨와 입꼬리가 좋습니다. 하지만 순간의 좋은 기분과 승리에 도취되어, 그것을 전부라고 여길 때 문제가 됩니다.

대화에서 한두 번 이기고 그 기분에 도취되면 이기기에 힘쓰는 대화를 하게 됩니다. 게다가 자신의 대화 방법에 정당성과 당위성, 합리성을 부여합니다. 대화의 목적인 연결과 거리가 멀어져도 인식하지 못합니다.

예전의 저는 아이들과의 논쟁과 다툼에서 저의 옳음을 증명하기 위해 최선을 다했습니다. 특별한 경우를 제외하고는 대체로 부모의 의견이 옳습니다. 자녀가 부모의 축적된 경험과 지식, 지혜를 따라잡을 만큼 성숙하지 않기 때문입니다. 그래서, 저 역시 옳음을 증명하기 위해 안간힘을 썼습니다. 사실을 사실대로 받아들이지 않고 거부하며 반항하는 아이들에게 화가 났고, 아이들과의 논쟁에서 이기기 위해 수단과 방법을 가리지 않았습니다. 처음에는 미소를 띤 채 청유형으로, 긍정적이고 이성적인 대화로 시작했습니다. 하지만 아이들은 부모가 원하는 수준에서 받아들이지 않습니다. 제 목소리는 점점 더 커졌고, 눈꼬리가 올라갔으며, 표정은 딱딱하게 굳었습니다. 급기야 화를 내고 소리를 질렀습니다. 부끄럽지만, 협박을 하거나 아이가 들고 있는 물건을 빼앗아 집어던진 적도 있습니다.

결국 아이들은 어쩔 수 없이 굴복했습니다. 저는 잠시 잠깐의 만족과 통쾌함을 느꼈지만, 그 순간이 지나면 공허하고 허탈했으며 미안함과 자책 속에 괴로웠습니다.

'도대체 뭐 한 거지? 원한 건 이게 아닌데…'

분명히 저의 옳음을 증명했고 승리를 쟁취했지만, 아이들과 관계가 멀어진 것은 물론 서로의 마음에 깊은 상처와 후회가 남았습니다. 아무도 이런 결과를 원하지 않았는데 말이지요.

이기기 위한 대화는 순간의 만족을 제외하면 득보다 실이 큽니다. 대화의 목적인 연결이 끊기는 것은 물론 관계가 멀어지고 단절되기 쉽습니다. 말 한마디로 건너지 말아야 하는 강을 건너는 것은 물론 다리까지 폭파한 경우가 얼마나 많은지 모릅니다.

어떻게 하면 이기는 대화에서 벗어나 연결의 대화를 할 수 있을까요? 먼저 객관적이고 눈에 보이는 현재의 사실 외에는 그 무엇도 대화에 포함하지 않습니다. 특히 다음과 같은 수식어는 쓰지 않습니다. 과거나 미래에 연속성을 부여하고 판단하는 단어는 사용하지 않고, 오직 현재 이 순간에 집중합니다.

- **사용을 피해야 할 수식어**

    예전에, 번번이, 어차피, 자꾸, 지난번에, 당연히, 항상, 또, 원래, 계속, 다시, ~일 전에, ~일 후에, 앞으로

"너 원래 그러잖아. 또 그랬어? 지난번에도 그러더니 오늘도 그러네. 자꾸 이럴래? 네가 항상 그렇지, 어차피 똑같아. 어떻게 번번이 이럴 수 있어? 대체 몇 번째야? 일주일 전에도 그러더니…. 계속 그럴 거잖아! 다시 어길 게 뻔해. 앞으로도 보나마나야."

이런 말은 아이와의 연결에서 멀어지는 줄 모르고 부모들이 흔히 사용하는 말입니다. 과거의 경험과 지식을 토대로 상대방에 대한 나의 일방적인 판단이 들어가 있는 표현입니다. 이 부분에 대해서는 더 이상의 이견이 없다는 선포입니다. 1 더하기 1을 하면 오직 2만 가능한 것처럼, 과거의 경험은 현재와 미래에도 동일하다는 예측과 확신이 담겨 있습니다. 반면, 진정한 대화는 나와 상대방 모두에게 새로운 기회와 선택을 줄 수 있어야 합니다. 그동안 나눈 대화를 떠올려보세요. 혹시 내가

먼저 기회와 선택을 박탈하지 않았는지요.

이와 같은 말을 들으면 어떤 기분이 드시나요? 당연하게도 기분이 좋을 리 없습니다. 좋지 않은 기분에서 좋은 대화가 나오기란 쉽지 않습니다. 물론 항상 좋은 기분으로 대화할 수는 없습니다. 하지만 대화하기 힘들고 껄끄러울수록 대화의 목적을 떠올려야 합니다.

연결이 있어야 욕구의 충족도 가능합니다. 연결 없이 충족할 수 있는 욕구는 없습니다. 다른 사람을 제외한 나와 나 사이의 관계에서도 연결이 되어야 욕구를 충족할 수 있습니다. 연결을 통해 얻고 싶은 욕구는 무엇일까요? '선 연결, 후 욕구 충족'의 원칙을 생각하고 대화하세요.

'대화'가 아닌 '말'로는 연결이 불가능합니다. 연결되지 않으면 서로의 욕구가 충족되기는커녕 더욱더 멀어집니다. 게다가 욕구가 충족되지 않으면 내 기분은 물론 상대방의 기분 역시 불쾌해집니다. 유쾌한 연결의 대화를 할 것인지, 불쾌한 단절의 말을 할 것인지는 상대방이 아닌 나에게 달려있습니다.

KEY POINT

대화의 목적은 승리가 아닌 연결에 있습니다. 하고 싶은 대로 말을 쏟아내고 연결할 수 없습니다. 공격적인 부모의 말에 아이들이 조용해지는 건 수용과 존중이 아닌 굴복입니다. 공격과 굴복을 원한 것이 아니라면, 단절이 아닌 진정한 연결과 소통을 원한다면 '선 연결 후 욕구 충족'의 원칙을 기억하세요. 연결해야 욕구를 충족할 수 있습니다.

사실이 아닌 표현 방식의 문제다

평소에 어떤 말을 들으면 몸과 마음이 긴장되고 스트레스를 받으시나요? 여러 가지가 있겠지만, 그중에서도 특히 가장 듣기 싫은 말은 무엇인가요? 제 경우에는 "(너/나) 원래 그래"입니다. 다른 사람들의 경우는 어떨까요? 살 빼, 그만 먹어, 더 먹어라, 그것밖에 못 해?, 몇 번을 말했는데 안 했어?, 네가 그렇지, 주제 파악 좀 해, 또? 공부 좀 해….

듣고 싶은 말, 듣기 좋은 말도 많지만 듣기 싫고 힘든 말도 다양합니다. 그리고 저마다 듣기 싫은 이유가 있고, 듣기 싫은 말을 건네는 이유 역시 있습니다. 듣기 싫은 말을 하는 건 사실의 문제로 보이지만, 표현 방식의 문제입니다.

"살 빼, 그만 먹어"라는 말을 건넨 사람에게 왜 그렇게 말했는지 물어봤습니다. 그리고 혹시 이 말을 듣고 스트레스를 받을 상대방의 입장에 대해 생각해 본 적이 있는지 물었습니다. 그러자 의외의 답변이 나왔습니다. '객관적으로 누가 봐도 비만이기 때문에 살을 빼라고 했고, 더불어 친근감의 의미도 담고 있다'고 했습니다. 무엇보다 건강이 염려되어 말한 건데, 상대가 상처와 스트레스를 받을지 몰랐다며 오히려 놀랐습니다.

"더 먹어"라고 이야기한 엄마에게 자녀가 받은 상처를 생각해 봤냐고 했더니, 저를 이상한 눈빛으로 쳐다봤습니다. '허약하고 말라서 하나라도 더 챙겨주고 싶은 마음에 한 이야기에 상처를 받다니, 말이 되냐'며 반문했습니다. 자신의 사랑과 염려를 그렇게 받아들이는 아이를 보니 아직 사람이 되려면 멀었다면서 한숨을 내쉬었습니다.

"그것밖에 못 해?"라는 말을 한 엄마에게 상처받은 자녀의 이야기를 했습니다. 이야기를 들은 엄마는 '이 점수로는 갈 대학이 하나도 없고 공부뿐만 아니라 제대로 하는 게 아무것도 없다'며, 그럼 이 상황에 무슨 말을 하냐며 되물었습니다.

"몇 번을 말했는데 안 했어? 네가 그렇지, 주제 파악 좀 해. 또? 공부 좀 해"라는 말을 건넨 사람과 이 말을 들은 사람의 입장 역시 전혀 달랐습니다. 말을 건넨 사람은 '이런 말로 상처를 받는다는 게 이해가 안 될 뿐만 아니라, 지어낸 말이 아닌 엄연한 사실'이라며 사실을 사실대로 받아들이지 못하는 상대방을 비난했습니다. 더러는 앞으로 신경 써서 말하겠다고 했지만, 대부분은 상대방을 원망했습니다.

반면에 듣기 싫은 말을 들은 입장에서는 말이 비수가 되어 가슴에 꽂혔고, 상처가 곪아 썩을 대로 썩어서 회복이 불가능할 정도로 힘들어 하는 경우도 있었습니다. 말 한마디에 살고 죽을 수 있다는 것을 누구보다 체감한다면서 말이지요.

저도 왜 다른 말보다 유독 '원래 그래'라는 말에 뾰족해지고 듣기 싫은지 이유를 깊이 생각해 봤습니다. 저희 부모님은 수동적이고 불안이 높습니다. 그래서 스스로 무언가를 선택하고 책임지는 것에 대한 두려움이 많은 분들입니다. 선택과 책임이 익숙하지 않은 수동적인 사람, 과정이 아닌 결과를 중시하는 사람, 완벽주의자, 지나치게 자기애가 강한 사람, 쉽고 빠르게 성과를 얻고 싶은 사람, 배려가 아닌 눈치를 보는 사람은 단정적인 단어를 많이 사용합니다. '절대, 무조건, 항상, 원래, 꼭, 반드시, 결코' 같은 단어입니다.

제 부모님 역시 이런 단어의 사용 빈도가 높았는데, 특히 '원래'의 빈도가 높았습니다. 어떤 사람이 성공하거나 좋은 결과를 내면 "그 사람은 원래 그런 능력을 타고났기 때문에 가능한 거야"라고 말씀하셨고, 반대로 실수와 실패를 한 경우에도 "그 사람은 타고나길 원래 인성이 안 좋고 환경이 안 좋아"하며 '원래'의 힘에 의지했습니다. 자신의 성과와 실수 역시 스스로 책임지지 않기 위해, 부모님은 '원래'라는 단어 뒤에 숨었습니다. 그런 잣대는 본인은 물론 자녀인 저에게도 동일하게 적용됐습니다.

저 또한 보고 배운 대로 좋은 일이건 나쁜 일이건 '원래'라는 단어 뒤에 숨는 것이 익숙했습니다. 태생과 기본에 책임을 전가하면 어떤 상황에서도 쉽사리 빠져나올 수 있었습니다. 이보다 쉽고 간단한 방법은 없었습니다. 쟤는 원래 약하잖아, 너는 원래 양보심이 많잖아, 너는 원래 착하니까, 넌 원래 참을성이 많으니까, 첫째는 원래 그래, 원래 누나는 그런 거야….

그렇게 오랜 시간, 저는 비겁하게 숨어 있었습니다. 행동은 생각과 말에 좌우됩니다. 저는 오랜 기간 하고 싶지 않은 상황에 '원래'라는 핑계를 갖다 붙이고 행동하지 않았습니다. 하지만 시간이 흐를수록 말은 족쇄가 되어 저를 괴롭혔습니다. 저는 더 이상 말 뒤에 숨어 있을 수 없다는 사실을 받아들였습니다.

무엇보다 '원래 그래'라는 말이 듣기 싫은 가장 큰 이유는 이미 저 자신에게 하고 있던 말이기 때문입니다. 넌덜머리가 날 정도로 말이지요. 가장 듣기 싫은 말을 나에게 매일 쏟아붓던 사람은 다른 사람이 아닌 바로 저였습니다. 칭찬도 여러 번 들으면 거부감이 드는데, 매일 내가 나에게 하던 말을 다른 사람에게 들으면 얼마나 마음이 아플까요? 우리는 공감, 배려, 사랑, 존중, 수용, 지지를 원하지, 비난을 원하지 않습니다.

현재 저는 부단한 노력으로 '원래'의 족쇄에서 벗어났지만, 가끔 원치 않는 상황이 닥치면 저도 모르는 사이 '원래'가 날갯짓을 합니다.

'저 사람은 원래 능력자야, 난 원래 부족해.'

하지만 전처럼 속수무책으로 휘둘리지 않고 하고 싶은 말, 듣고 싶은 말을 통해 '원래'의 날갯짓을 멈추게 합니다.

'괜찮아, 누구나 실수할 수 있어. 실수를 통해 배우고 성장하는 거야. 원래 어떤 능력을 갖고 있는지, 원래 어떤 사람인지는 나도 알 수 없어. 내가 만들어 가는 내가 진짜 나야. 사람들의 판단에 더 이상 나를 맡길 필요가 없어.'

진심으로 상대방을 사랑하고 배려해서 건넨 말이라면, 대화의 본질인 욕구에 집중해야 합니다. 가장 듣기 싫은 말을 들었을 때 어떤 감정을 느꼈나요? 감정을 자각하고, 그 감정 뒤에 숨어 있는 욕구를 찾아보세요. 말로 상처받은 것 같지만 말은 껍데기에 지나지 않습니다. 상대방은 어떤 욕구로 그런 말을 했을까요? 그렇다면 동일한 상황에서 듣고 싶은 말은 무엇인가요? 내가 듣고 싶은 말을 나에게 직접 해주세요.

KEY POINT

가장 듣기 싫은 말은 내재화되어 내가 나에게 하는 말입니다. 상대방의 말이 아닌 내 말부터 변화시키세요. 그리고 내가 먼저 나에게 들려주세요.

어떤 말을
가장 듣기 싫어할까?

사람들은 어떤 말을 가장 듣기 싫어할까요? 몇몇 부모님과 자녀 모두에게 물어보았습니다.

가장 듣기 싫은 말: 당연히, 그건 당연하죠.
- **듣기 싫은 이유:** 어떤 현상의 이면에 숨겨진 원리나 타인의 의도, 심정에 대해 한 번 더 생각하려는 노력이 느껴지지 않아요. 보통 이렇게 말하는 사람은 상대방에 대한 배려도 부족한 경우가 많은 것 같아요.
- **듣고 싶은 말:** 많이들 그렇게 생각하나 봐요.
  ex) 난 나이가 들면서 연애할 때 설렘보다 안정이 더 중요해지는 것 같아.
  ex) 그거야 당연하지. 다들 그럴걸? (X) → 응, 많이들 그렇게 생각하

는 것 같아. (○)

가장 듣기 싫은 말: 일이라 어쩔 수 없어.

- **듣기 싫은 이유:** 공적인 영역과 사적인 영역의 경계선이 없는 상황에서, 노력하지 않고 일을 핑계 삼아 다른 부분에 소홀하고, 책임을 회피하는 태도가 싫기 때문이에요. 미리 일적인 부분까지 감안해서 생각하는 신중함도 필요하다고 생각해요.
- **듣고 싶은 말:** 이렇게 했는데도 어려울 것 같은데 어떻게 하면 좋을까? 네 상황에 맞춰서 다시 정해볼게.

가장 듣기 싫은 말: 이것 밖에 못해!

- **듣기 싫은 이유:** 상대방이 나를 무시하고 비난하는 것 같아서 의기소침해지고 자신감이 사라져요.
- **듣고 싶은 말:** 괜찮아, 잘했어. 이 정도면 충분해. 수고했어.

가장 듣기 싫은 말: 내가 너 그럴 줄 알았어, 넌 의지와 노력이 부족해.

- **듣기 싫은 이유:** 나름대로는 노력하고 있는데 이런 말을 들으면 의욕이 상실되고 힘이 빠져요.
- **듣고 싶은 말:** 애 많이 썼네. 수고 많았어. 괜찮아, 지금도 충분해.

가장 듣기 싫은 말: 그래서?

- **듣기 싫은 이유**: 과정은 무시하고 결론만 원하는 느낌이 들어요. 그리고 내 이야기를 듣고 싶지 않아서 그런 것 같아서 불편하고 서운해요.
- **듣고 싶은 말**: 그랬구나.

가장 듣기 싫은 말: ○○이는 이렇게 했는데 넌 왜 이래? (비교하는 말)

- **듣기 싫은 이유**: 비교당하는 걸 좋아하는 사람은 없죠. 저에 대한 존중과 배려가 없다는 생각이 들어서 기분이 나빠요.
- **듣고 싶은 말**: 이 정도면 충분해, 수고 많았어. 이렇게 (생각)할 수도 있구나. ~식으로 (보완)하면 더 좋을 것 같은데 어때?

가장 듣기 싫은 말: 그게 무슨 소리야?

- **듣기 싫은 이유**: 제 말에 대한 공감이나 경청이 전혀 느껴지지 않고, 제가 뭔가 잘못한 느낌이 들어요. 더 이상 대화를 유지하고 싶지 않은 것처럼 느껴져요.
- **듣고 싶은 말**: 그럴 수도 있지.

가장 듣기 싫은 말: 그것 봐, 내가 전에 얘기했잖아.

- **듣기 싫은 이유**: 상대방은 이미 알고 있고, 저에게 알려줬는데도 불구

하고 이런 결과물을 만들었냐고 타박하는 것 같아서 듣기 싫어요. 자주 들으니 제가 못난 사람 같기도 해요.
- **듣고 싶은 말**: 그래, 그럴 수도 있지.

가장 듣기 싫은 말: (호칭 대신 사용하는) 야!

- **듣기 싫은 이유**: 하나의 인격체로 존중받지 못하는 느낌이 들어서 싫어요.
- **듣고 싶은 말**: 'ㅇㅇ아, ㅇㅇ 씨'와 같은 호칭.

가장 듣기 싫은 말: 상식적으로 생각해 봐.

- **듣기 싫은 이유**: 상식이라는 것도 각자의 기준이 다르고, 순간적으로 생각이 나지 않을 수도 있는데, 상식 운운하며 다그치는 것 같아서 기분이 나빠요. 그리고 저를 기본 상식조차 없는 사람으로 무시하는 것 같아요.
- **듣고 싶은 말**: 네 생각은 그렇구나? 네 의견은 그럴 수 있겠다.

가장 듣기 싫은 말: 내가 알아서 할 게.

- **듣기 싫은 이유**: 상대방의 조언과 도움을 무시하고, 협의 없이 자기 마음대로 하겠다는 말이라서 정말 싫어요.

- **듣고 싶은 말**: 네 생각은 어때? 어떻게 하면 좋겠어?

가장 듣기 싫은 말: 몰라, 그냥 그렇대.

- **듣기 싫은 이유**: 각종 SNS에 근거 없이 떠돌아다닐 뿐 공신력 있는 정보가 아님에도, 팩트에 기반하지 않고 쉽게 말하고 쉽게 책임을 전가하는 모습에 어이가 없어요. 사실과 무관한 게 밝혀져도 '거기서 그렇다고 했어'라는 식으로 넘기는 모습도 실망스러워요.
- **듣고 싶은 말**: ~자료/기사에 의하면 그렇대.

가장 듣기 싫은 말: 잠깐만, 5분만, 10분만 있다가 할게.

- **듣기 싫은 이유**: 바로 하면 되는데 왜 꼭 미루는지 모르겠어요. 저 같으면 서로 감정 상하기 전에 스스로 할 것 같아요.
- **듣고 싶은 말**: 지금 바로 할게.

가장 듣기 싫은 말: 내가 더 ~해.
(힘들어/피곤해/아파/속상해/불쌍해/어려워 등)

- **듣기 싫은 이유**: 다른 사람의 힘들고 어려운 부분에 공감하거나 이해할 마음 없이, 자기 자신만 위해 달라는 이기주의자 같아요.
- **듣고 싶은 말**: 어떡하니? 많이 힘들겠다. (속상하겠다/피곤하겠다/아

프겠다/당황스러웠겠다/서운했겠다/걱정됐겠다 등)

가장 듣기 싫은 말: 이런 것도 못해?

- **듣기 싫은 이유:** 다른 사람은 쉽게 하는 기초적인 걸 저만 못한다고 비난하는 것 같아서 자존심이 상해요.
- **듣고 싶은 말:** 이렇게 할 수도 있구나. 이 정도면 충분해, 수고 많았어.

KEY POINT

비수가 되는 말은 사람마다 다릅니다. 또한 강한 비난과 비판으로는 상대방을 움직일 수 없습니다. 외투를 벗기는 것은 거센 바람이 아닌 따뜻한 햇살입니다.

4장

불통을 소통으로 변화시키는 본질대화의 힘

가족에게 진정한 관심이 있는가?

"코치님 말씀대로 감정과 욕구를 찾았어요. 그리고 아이한테 부탁을 했어요. 그런데 아무것도 나아진 게 없어요. 솔직히 이렇게 말한다고 뭐가 달라지는지 모르겠어요. 글로 쓸 때는 머리를 쥐어짜서 어찌어찌 썼는데 이걸 말로 하려니 막막하고, 아이 반응도 별다른 게 없어요."

"힘들고 속상하셨겠어요. 어떤 부분이 제일 어려우세요?"

"객관적인 관찰부터 하라고 하셨는데 그 부분부터 잘되지 않아요. 감정이 먼저 확 올라오고, 감정에 사로잡히면 다른 말은 아무것도 생각나지 않아서, 평소에 하던 대로 말하게 돼요. 애한테는 '야, 이게 뭐야? 진짜 엄마 쓰러지는 거 볼래? 내가 누구 때문에 사는데, 어떻게 이럴 수가 있어?' 이런 말이 튀어

나오고, 남편에게도 '믿은 내가 바보 천치지. 언제까지 이렇게 살아야 해!'하고 소리를 질러요. 이렇게 하면 안 되는 걸 아는데도 정말 쉽지 않아요. 맺힌 게 많아서 눈앞의 사실보다 지나간 감정에 휩쓸리는 것 같아요."

선주 씨 남편은 몇 년 전 친구에게 거액을 사기당했습니다. 살던 집을 팔고 평수를 절반 이상 줄여서 세 식구가 원룸에서 살게 되었습니다. 각자의 방을 갖고 살다 원룸으로 오니 여간 불편한 게 아니었습니다. 사춘기 딸의 불평불만은 하늘을 찔렀습니다. 딸의 입장을 이해하면서도, 형편을 무시한 채 일주일에 서너 번은 올리브영에 들러서 화장품을 사 모으고 화장하는 딸을 보면 선주 씨는 속이 뒤집어졌습니다. 그래도 거리에 나앉지 않고 아이가 크게 비뚤어지지 않아서 다행이라 생각했지만, 엇나간 행동을 하는 아이와 맞닥뜨리면 감정을 주체할 수 없었습니다. 꼬박꼬박 말대답하는 건 물론, 원룸에서는 공부할 수 없다고 스터디 카페에 등록하고도 마음을 잡지 못하는 딸을 보면 눈앞이 캄캄했습니다.

"셋이 좁은 공간에서 지내니 더더욱 신경 써서 말해야 모두가 편하다는 건 알거든요. 그런데 어색함을 끊기 위해, 아니면 소통하고 싶어서 말을 하려면 무슨 말부터 꺼내야 할지 난감해요. 평소엔 입을 다물고 있다가 아이와 남편의 행동에 감정적으로 반응해서 익숙한 방식으로 말이 나오는 게 제일 큰 문제 같아요."

"대화의 시작이 뭐라고 생각하세요?"

"글쎄… 너무 어려운데요. 남 같으면 인사로 시작하거나, 어떤 상황에 따라 상황에 맞는 말을 건네면 되는데 가족끼리는 어떻게 해야 할지…. 가족은 비슷한 일상의 연속이니까요. 특히 익숙해져 버린 적막을 깨뜨려야 하거나 깨뜨리고 싶을 때, 어떻게 시작해야 하는지 잘 모르겠어요."

"대화는 관심에서 시작해요. 관심 없이 관찰할 수 없고, 관찰 없이 불쑥 감정과 욕구를 말할 수도 없어요."

"관심이라니… 좀 의외인데요. 남편과 딸에게 관심이 없는 아내와 엄마가 있을까요? 밉네 곱네 해도 가족인데 관심은 당연한 거고, 기본적인 식성, 취미, 습관은 물론 하루 스케줄도 거의 다 알고 있는걸요."

가족에게 진정한 관심이 있으신가요? 안타깝지만, 가족 사이에 관심을 갖고 있는 경우는 그리 많지 않습니다. 가족이니까 당연히 알고 있다고 생각하지만, 그 당연함조차 잘못 알고 있는 경우가 태반입니다. 무엇보다 당연함은 관심의 영역이 아닙니다. 특히나 선주 씨처럼 한 가정의 아내이자 엄마인 경우, 가족 구성원의 기본적이고 소소한 사항을 모두 알기 때문에 '관심을 갖고 있다'고 착각합니다.

관심은 '어떤 것에 마음이 끌려 주의를 기울인다'는 뜻입니다. 연애를 할 때 상대방에게 얼마나 깊은 관심을 기울였는지 생각해 보세요. 지나칠 정도로 상대방의 일거수일투족을 살핀 후 배려하고 존중합니다. 식사는 했는지, 누구를 만나는지, 무엇을 좋아하고 싫어하는지, 오늘의 컨디션은 어떤지, 잠은 제대로 잤는지, 몇 시에 출근하고 퇴근하는지, 무슨 영화를 좋아하고 싫어하는지, 어떤 음식을 좋아하고 싫어하는지, 어떤 잠버릇이 있는지, 친한 친구는 누구인지, 친구와는 주로 무엇을 하는지, 지금 무슨 생각을 하고 있는지…. 이처럼 하나부터 열까지 사소한 것도 알고 싶어합니다. 아는 것에서 그치지 않고, 아는 것을 연애에 적용합니다.

연애할 때처럼 가족들에게 모든 안테나를 기울일 수는 없습니다. 하지만 소통에 문제가 있다면 지금까지와 다른 특별한 관심이 필요합니다. 존중과 배려라는 양념을 더해서 말이지요.

─── 자세히 보아야

　　예쁘다

　　오래 보아야

　　사랑스럽다

　　너도 그렇다.

- 나태주, 〈풀꽃〉

　가족이라서, 일상이라서, 매일 비슷한 삶의 반복이라서 당연히 여기셨나요? 당연함의 다른 뜻은 무관심과 소홀함입니다. 무관심하고 소홀할 때 가치와 의미를 느끼거나 감사할 수 있을까요? 당연함을 넘어서 자세히 보고, 오래 들여다보세요. 자세히, 오래 들여다보면 감정이 아닌 사실을 바라볼 수 있습니다.

- **비본질대화**: 또 올리브영에 들렀어? 이거랑 비슷한 색 지난번에 사지 않았어? 언제 철이 들래? 엄마 아등바등하고 사는 거 안 보여?
- **본질대화**: 엄마는 네가 올리브영에서 지난번에 산 것과 비슷한 색상의 립스틱을 사온 걸 보니(관찰), 심란하고 착잡해(감정). 지금은 우리가 한마음으로 배려해서 조금씩 절약하면 좋겠어(욕구). 네 생각은 어때?(부탁)"

- **비본질대화:** 화장하다 날 새겠어. 너같이 매일 화장하다 지각하는 애가 어디 있어? 계속 지각할 거면 학원 그만둬.
- **본질대화:** 엄마는 네가 30분 동안 화장하고 학원에 지각하는 걸 볼 때(관찰), 안타깝고 서운하고 속상해(감정). 엄마는 네가 미래를 위해 현재에 충실하면 좋겠거든(욕구). 넌 어떻게 생각해?(부탁)

- **비본질대화:** 엄마가 하녀야? 속옷은 매번 뒤집어서 내놓고 양말은 구석에 처박아 놓으면 어쩌라는 거야? 도무지 배려심이라고는 전혀 없지. 내가 사라지거나 죽어야 고마운 줄 알지.
- **본질대화:** 엄마는 뒤집어져 있는 속옷과 구석에 처박혀 있는 양말을 볼 때(관찰), 기운이 빠지고 심란해. 속상하기도 하고(감정). 엄마는 가족끼리 조금씩 배려하면 좋겠는데(욕구), 어떻게 하면 좋을까?(부탁)

당연함을 넘어서 자세히 오래 관심을 갖고 들여다볼 때, 감정이 아닌 사실을 객관적으로 바라볼 수 있습니다. 객관성은 감정이 아닌 욕구에 집중하게 합니다.

감정의 책임은 나에게 있다

내 감정을 충분히, 깊게 느낀 적이 언제인지 기억하세요? 부모로 사는 시간이 길어질수록 감정을 느끼는 건 사치라고 생각하시나요? 아니면 영화 시나리오 한 편은 순식간에 나올 것 같은 고달픈 삶 때문에 감정을 억압하고 억누르는 것이 익숙하신가요?

저는 전통적인 고정관념에 충실한 가정에서 자랐습니다. 남녀칠세부동석에 참는 게 미덕인 집안이었습니다. 고등학교 때까지 학원을 제외한 통금은 저녁 6시였고, 통금 시간을 넘기면 어머니는 저를 도둑질이라도 한 사람처럼 대했습니다. 절대 말을 건네지 않았고, 식사도 챙겨주지 않았습니다. 오죽하면 제가 결혼한 후에도 "시집갔으니 벙어리 삼 년, 귀머거리 삼

년을 기억하고, 참고 살다 보면 좋은 날이 온다"고 말씀하셨습니다.

이런 식으로 감정을 표현하는 것보다 억압하고 억누르는 것이 익숙한 환경이었기 때문에, 저는 때로 감정을 드러내고 싶은 순간이나 즐겁고 행복한 순간에도 저절로 사람들의 눈치를 봤습니다. 감정을 드러내면 좋지 않은 사람이 되는 것 같아서 조마조마했고, 좋은 감정과 나쁜 감정으로 선을 그었습니다. 그러다 보니 부정적인 감정(우울함, 외로움, 화, 분노, 공포, 불안, 슬픔, 짜증, 질투, 걱정, 두려움, 답답함, 서운함, 난처함, 부끄러움, 억울함, 어색함 등)을 느끼면 이런 감정을 느끼는 저를 질책하고 비난했습니다. 감정과 저를 동일시했던 것이지요.

감정을 충분히 있는 그대로 수용하지 못했기 때문에, 정작 내가 왜 그런 감정을 느끼는지는 표면적으로만 이해했습니다. 감정 뒤에 숨어 있는 욕구를 전혀 보지 못했고, 욕구의 존재 자체 또한 인식하지 못했습니다. 무엇보다 감정을 있는 그대로 받아들이지 못한 채 먼저 판단을 앞세우고, 다른 사람에게도 동일한 잣대를 적용하는 것이 가장 큰 문제였습니다. 괴롭고 불안하고 힘든 감정에 대한 책임은 상대방을 비롯한 외부에 있다고 생각했습니다. 그래서 저를 제외한 모두를 마음껏 비난하고 원망했습니다. 그러면 책임에서 자연스럽게 벗어날 수 있었습니다. 마치 비련의 여주인공처럼 말이지요.

당시에는 제가 이런 식으로 감정에 대한 책임을 회피하고 살았다는 걸 몰랐습니다. 불혹을 넘어서, 수면제를 끊고 삶의 고비를 넘나들며 비로소 '피해자'라는 타이틀이 아닌 '인간 정윤주'를 오롯이 마주하게 되었습니다. 그때까지만 해도 삶이 고달프고 힘든 이유는 부모님의 불화, 불편한 가족 관계, 이혼, 불면증, 수면제, 수면제 금단증상, ADHD 아이들, 직업, 경제력, 팔삭둥이로 허약하게 태어난 몸처럼, 내가 통제할 수 없는 외부 상황 때문이라고 생각했습니다.

이유는 수없이 많았고, 모두 사실이었습니다. 그러나 본질은 사실 여부가 아닌 사실을 대하는 태도에 있었음에도 당시엔 깨닫지 못했습니다. 이후 수면제를 끊으며 처음으로 용기 내어 나의 감정을 정리하고 마주할 결심을 했습니다. 잠을 자지 못하는 이유, 삶이 힘든 이유는 외부의 무엇 때문이 아닌 저에게 있다는 사실은 어렴풋이 알고 있었습니다. 다만 감정을 마주할 용기가 없었고, 어떻게 해결해야 할지 몰라서 차일피일 미룬 채 외면하고 있을 뿐이었습니다.

하지만 위기는 기회라는 말처럼, 삶의 가장 큰 위기를 만났을 때 오히려 생각지 못한 용기를 낼 수 있었습니다. 장 안에 있는 짐을 정리하려면 짐을 모두 꺼내야 합니다. 마찬가지로 마음에 쌓인 힘든 감정을 꺼내기 위해 감정 일기를 쓰기 시작했고, 일기를 통해 감정 뒤에는 욕구가 있다는 사실을 알게 되었습니다. 감정은 어떤 상황과 조건, 상대방의 말과 행동 때문에 느끼는 것이 아니었습니다. 외부요인은 하나의 자극이고 방아쇠일 뿐, 내면의 욕구가 충족되거나 충족되지 않을 때 느끼는 것이 감정이었습니다.

저는 그동안 얼마나 감정의 책임을 상대방에게 돌렸는지 모릅니다. 매일 아이들과 치고받고 싸우는 이유는 ADHD와 불안, 우울, 틱 때문이라고 여겼습니다. 하지만 실은 내면의 평화, 안정, 안심, 자기보호, 상호성, 소통, 연결, 공감, 이해, 예측 가능성 같은 욕구가 채워지지 않았기 때문이었습니다. 그래서 불안, 슬픔, 우울, 화, 무기력, 짜증, 답답함, 속상함 같은 감정을 느꼈고, 그에 따라 익숙한 행동을 했던 것입니다.

이 사실을 알게 되면서 감정을 더욱 면밀히 살피고 욕구를 찾기로 마음먹었습니다. 더 이상 다른 대상에게 떠넘기며 원망할 필요가 없었고, 처음으로 선택권이 주어진 존재로서 자유를 느낄 수 있었습니다. 한 번도 느끼지 못한 삶의 주체성이 어찌나 저를 홀가분하게 했는지 모릅니다.

　정보화 사회, 초연결 사회로 진입하면서 인간다움이 사라지고 있습니다. 때로는 감정을 느끼고 누리는 사람을 생각 없는 사람으로 바라보기도 합니다. 여유와 낭만을 즐기고, 자신에게 주어진 감정을 충분히 느끼는 사람을 무능하고 게으른 사람으로 낙인찍기도 합니다. 이성적이고 합리적인 판단, 유용함과 유능함에는 감정을 배제해야 한다고 여기는 경우도 많습니다. 정말 그럴까요?

　자신의 감정을 충분히 인식하고, 감정 뒤에 있는 욕구를 수용하고, 적절한 방식으로 욕구를 채울 때 자존감과 자기 효능감이 향상됩니다. 메타인지도 높아집니다. 이런 사람이야말로 이성과 감성을 적절히 조화시켜 삶에 대한 선택과 책임을 오롯이 지는 인재가 될 수 있습니다.

　늦잠 자는 아이 때문에, 게임하는 아이 때문에, 용돈을 헤프게 쓰는 아이 때문에, 공부를 못 하는 아이 때문에 엄마들 속이 터지는 게 아닙니다. 반찬 투정에 집안일은 나 몰라라 무심한 남편 때문에 화가 난 것이 아닙니다. 늦잠 자는 아이와 반찬 투정하는 남편을 보며 어떤 감정을 느꼈는지 감정 목록에서 찾아볼까요?

- **늦잠 자는 아이를 볼 때 느끼는 감정**

  답답한, 속상한, 화나는, 짜증나는, 피곤한, 우울한, 초조한, 불안한, 불편한, 맥 빠진, 신경 쓰이는, 울화가 치미는

- **이 감정 뒤에 숨어 있는 욕구는 무엇일까요?**

  상호성, 홀가분함, 안심, 안정, 예측가능성, 자기보호, 정서적 안전, 일관성

- **반찬 투정하는 남편을 볼 때 느끼는 감정**

  불편한, 속상한, 서운한, 김빠진, 섭섭한, 맥 빠진, 힘든, 질린, 짜증나는

- **이 감정 뒤에 숨어 있는 욕구는 무엇일까요?**

  배려, 존중, 상호성, 공감, 이해, 수용, 지지, 사랑, 안도, 안심, 예측가능성, 자기보호, 보람, 효능감

속상함과 짜증은 아이와 남편 때문에 느낀 것 같지만, 사실은 자신의 내면의 욕구가 채워지지 않아서 느낀 감정입니다. 어떻게 하면 욕구를 채울 수 있을까요? 완벽하게 채우려 하거나 다른 대상을 통해 채우려 하지 말고, 스스로 채울 수 있는 방법을 찾아보세요. 감정의 책임은 나에게 있습니다.

KEY POINT

감정의 책임은 그 누가 아닌 나에게 오롯이 있습니다. 더 이상 다른 대상에게 핑계 대지 말고, 스스로 선택해서 책임지는 주체적이고 독립적인 성인의 삶을 살아야 합니다.

본질대화는 관찰에서 시작한다

소통의 시작은 관심입니다. 관심이 없으면 상대방이 어디에서, 무엇을, 누구와, 언제, 왜, 어떻게 했는지 알 수 없을 뿐만 아니라, 눈앞에 있어도 전혀 보이지 않습니다. 자녀와 연결되고 싶다면, 원활한 소통을 원한다면 관심을 갖고 지켜보세요. 관심을 가지라고 했더니, 그때부터 지나치게 감시하고 간섭하다 오히려 관계가 더욱 멀어지는 경우가 있습니다. 그 어떤 상황과 관계에서도 반드시 지켜야 하는 것이 적절한 거리입니다.

먼저, 자녀에게서 한발 물러나 제3자의 관점에서 바라보세요. 아이가 어떤 습관과 특성을 지니고 있는지, 평소의 태도와 취향에서 모두 벗어나 모르는 사람을 대하듯 객관성을 유지하세요. 평가하거나 판단하지 말고, 엄마와 가족이라는 필터에서 벗어나 남의 집 아이라고 생각하세요. 그래야 최대한 이성을 유지하고 명확한 관찰을 할 수 있습니다. 평가와 판단은 철저히 배제하세요. 평가는 듣는 상대방뿐만 아니라, 말하는 나에게도 부정적인 영향을 미칩니다. 또한 생각의 틀에 갇힌 채, 익숙하지만 결국 모두를 파괴시키는 방법을 고수하게 합니다.

일상에서 자주 사용하는 '많다, 길다, 크다, 작다, 짧다, 예쁘다, 밉다, 자주, 또, 몇 번'과 같은 말은 대표적인 평가의 단어입니다. 수식어의 대부분은 평가의 단어라고 해도 무방합니다. 철저히 내 기준입니다. 같은 꽃을 봐도 누군가는 예쁘다고 생각할 수 있고, 어떤 사람은 촌스럽다고 생각할 수 있습니다. 생각이 다르다고 틀린 것이 아닙니다. 각자의 기준과 생각은 모두 다르기 때문에, 다름에 대한 존중이 필요합니다. 내가 먼저 존중해야 상대방도 나를 존중할 수 있습니다.

종종 긍정적인 평가와 선입견은 이롭다는 생각을 합니다. 그러나 부정적이든 긍정적이든 모든 평가는 사람의 진정한 면 자체를 보는 데 방해가 됩니다. 착한 기업가, 선한 부자, 근면한 직원, 성실한 학생, 부지런한 아내라고 지칭하는 순간, 말하는 사람은 물론 그 말을 들은 상대방 역시 평가에 갇혀버립니다. 만약 평가와 어긋난 행동을 하면 그동안 받은 긍정적인 평가 이상으로 쏟아지는 비난과 비판을 받게 됩니다. 아무도 자신에게 그런 평가를 해달라고 하지 않았는데 말이지요. 칭찬의 의미로 하는 '좋은 사람, 모범적인 학생, 예쁜 친구, 똑똑한 동창' 같은 말 역시 좋은 뜻으로 주고받고 때로는 듣고 싶어 하는 말이지만, 평가에 더욱 어울리는 사람이 되려고 하면서 평가에 갇힐 수 있다는 사실을 기억하세요.

본질대화는 관찰에서 시작합니다. 관찰은 쉬운 것 같지만 어렵습니다. 어떠한 평가 없이 있는 그대로 보고 듣는 것이 관찰입니다.

"또? 그것 봐, 그럴 줄 알았어. 네가 그렇지. 하지 마! 그냥 놔둬. 도대체 몇 번 째야?"

평가의 말을 관찰의 말로 바꾸려는 노력을 한다고 해도 막상 현실에서는 기존의 말 습관이 툭툭 튀어나옵니다. 사람은 단번에 바뀔 수 없습니다. 때문에 한동안 기존 말 습관이 나오는 것은 자연스럽습니다. 그럴 땐 의도적으로 자신을 사진을 찍는 '사진사'라고 생각하세요. 사진을 찍는 것처럼 오직 그 순간의 보고 들은 것만 있는 그대로 묘사합니다. 이때 주체는 항

평가의 말	관찰의 말
네가 나를 무시했을 때	나는 네가 '너는 그것밖에 못하니?' 라고 말했을 때
네가 넷플릭스로 영화를 지겹도록 볼 때	나는 네가 넷플릭스로 영화를 볼 때
네가 나를 의심했을 때	나는 네가 나에게 '거짓말쟁이'라고 말했을 때

상 '나'입니다.

본질대화는 관찰, 감정, 욕구, 부탁으로 구성됩니다. 관찰, 감정, 욕구, 부탁의 주체는 나 자신입니다. 앞서 다뤘던 선주 씨의 대화를 다시 살펴보겠습니다.

- **비난, 비판, 나쁜 아이로 낙인찍는 평가의 말**

  또 올리브영에 들렀어? 이거랑 비슷한 색 지난번에 사지 않았어? 대체 언제 철이 들래? 엄마 혼자 아등바등하고 사는 거 안 보이니?

- **본질대화**

  엄마는 네가 올리브영에서 지난번에 산 것과 비슷한 색상의 립스틱을 사 온 걸 보니(관찰) 심란하고 착잡해(감정). 지금은 우리가 한마음으로 배려해서 조금씩 절약하면 좋겠어(욕구). 네 생각은 어때?(부탁)

- **비판, 비교, 폭력적인 말**

    화장하다 날 새겠어. 너같이 매일 화장하다 지각하는 애가 어디 있어? 계속 지각할 거면 학원 그만둬.

- **본질대화**

    엄마는 네가 30분 동안 화장하고 학원에 지각하는 걸 볼 때(관찰), 안타깝고 서운하고 속상해(감정). 엄마는 네가 미래를 위해 현재에 충실하면 좋겠거든(욕구). 넌 어떻게 생각해?(부탁)

- **비난, 비판, 협박하는 말**

    엄마가 하녀야? 속옷은 매번 뒤집어서 내놓고 양말은 구석에 처박아 놓으면 어쩌라는 거야? 도무지 배려심이라고는 전혀 없지. 내가 사라지거나 죽어야 고마운 줄 알지.

- **본질대화**

    엄마는 뒤집어져 있는 속옷과 구석에 처박혀 있는 양말을 볼 때(관찰) 기운이 빠지고 심란해. 속상하기도 하고(감정). 엄마는 가족끼리 조금씩만 배려하면 좋겠는데, 어떻게 하면 좋을까?(부탁)

관찰은 말하는 나와 듣는 상대방 모두에게 생각과 감정의 균형을 선사합니다. 그렇지만 처음에는 관찰, 감정, 욕구, 부탁의 4가지 요소를 모두 넣어서 대화하는 것이 어색하고 어려울 수 있습니다. 이때 어색함과 어려움의 벽을 넘기 위해 필요한 것은 자기공감입니다.

지금 하는 말 자체를 바꾸기 전에 먼저 자기공감부터 하세요. 자신에 대한 지속적인 이해와 공감은 관찰 없이 불가능합니다. 자기공감에는 관찰, 감정, 욕구, 부탁이 모두 존재합니다. 나부터 충분히 이해하고 공감하세요. 그래야 상대방의 감정과 욕구를 이해할 수 있습니다. 모든 대화와 관계의 시작은 나 자신입니다.

KEY POINT

'순간을 포착하는 사진사'라는 마음으로 오직 그 순간에 대한 관찰만 이야기하세요. 객관적인 관찰은 오랜 평가와 판단에서 벗어나게 하며, 자유를 누리게 합니다.

대화할 때 정확한 감정을 표현하라

 감정을 직접적으로 드러내는 본질대화를 부담스러워하는 분들이 종종 있습니다. 감정을 드러내고 표현하는 것에 익숙하지 않았던 저 역시 처음에는 어찌나 어색했는지 모릅니다. 있는 그대로의 감정을 편견 없이 느끼고 표현해 본 적이 없었기 때문에, 주로 속상함과 불편함으로 서운함, 화, 슬픔, 어색함, 당황, 외로움, 분노, 두려움, 불안, 공허함, 서운함, 긴장, 짜증의 감정을 두루뭉술하게 표현했습니다. 하지만 감정을 드러내고 표현할수록 자유로워지는 것을 느꼈습니다. 지금은 감정 표현에 예전과 같은 어려움과 어색함을 느끼지 않습니다.
 굳이 왜 대화에 감정을 드러내야 할까요? 그동안 감정을 표현하지 않고 대화해도 큰 불편을 느끼지 않았는데 말입니다.

자녀와는 포기했다고 해도 지인, 친구들과는 문제없이 잘 통하는데 말이지요. 하지만 팥으로 메주를 쑨다고 해도 찰떡같이 알아듣는 사람이 있지만, 그렇지 않은 사람도 있습니다. 만약 감정을 표현하지 않으면 어떻게 될까요?

평가적이고 모호한 말들

- 김 대리가 나를 무시하는 것 같아서, 친구들이 왕따시키는 것 같아서, 아버지에게 인정받지 못한 자식이라서, 버림받은 기분이 들어서, 나를 싫어하는 것 같아서, 모욕당한 느낌이 들어서, 오해받은 것 같아서
- 속은 듯한 기분이야, 배신당한 것 같아, 이용당한 것 같아, 인권을 유린당한 것 같아, 바가지 쓴 기분이야, 강요받는 것 같아서 어쩔 수 없었어, 비난받는 것 같아서 자리를 지키고 있기 힘들었어, 구속당하는 기분이 들어서 뛰쳐나왔어

위의 예시는 일상에서 흔히 사용하는 말입니다. 그런데 '무시하는, 왕따시키는, 인정받지 못하는, 버림받은, 학대받은, 싫어하는, 모욕당한, 오해받은, 속은 듯한, 배신당한, 이용당한, 유린당한, 바가지 쓴, 강요받는, 비난받는, 구속당하는' 등의 표현은 구체적이고 사실적인 것 같지만, 매우 평가적이고 모

호한 단어입니다. 개인의 생각과 경험, 판단에 근거한 단어임에도 감정처럼 사용하는 대표적인 단어라고 할 수 있습니다.

실제로 이러한 단어를 감정 단어로 꼽는 경우가 상당히 많습니다. 무시하는 것 같은 느낌, 배신당한 것 같은 느낌, 이용당한 것 같은 느낌, 바가지 쓴 느낌, 오해받은 느낌처럼 뒤에 '느낌'이라는 단어를 붙이면 99% 이상이 느낌, 곧 감정이라고 생각합니다. 무시하는 것 같은 느낌은 주로 외롭고, 두렵고, 슬프고, 창피하고, 서운한 감정을 느꼈을 때 사용합니다. 오해받은 느낌은 불편하고, 화나고, 속상한 감정을 느꼈을 때 하는 표현입니다. 배신당한 느낌은 화나고, 마음이 아프고, 실망했을 때 주로 사용합니다.

정확한 감정을 표현하지 않은 채 나만의 생각과 판단의 덩어리를 감정처럼 사용하면 실제와 전혀 다른 오해와 갈등을 유발할 수 있습니다. 정확한 관찰 역시 매우 중요합니다. 회의 시간에 김 대리가 내 말을 끝까지 듣지 않고 자기 의견을 제시한 후 회의를 종료하면 당황스럽고, 서운하고, 창피하고, 민망합니다. 존중, 소속감, 배려, 유대, 성취, 인정의 욕구가 채워지지 않았기 때문입니다.

'평소에도 나를 무시하는 것 같더니, 이젠 대놓고 티를 내네.'

순간적으로 이렇게 생각할 수 있지만, 판단에 사로잡히면 나만 힘들고 괴로울 뿐입니다. 판단에서 자유로워지고, 갈등을 촉발하지 않으려면 어떻게 이야기하면 좋을까요?

"김 대리, 나는 오늘 회의 시간에 내가 말을 끝내지 않았는데 김 대리가 의견을 제시하고 바로 회의를 종료해서(관찰), 당황스럽고 민망했어(감정). 나는 서로의 의견을 충분히 나누면서 회사는 물론 구성원도 함께 성장하기를 바라거든(욕구). 김 대리는 어떻게 생각해?(부탁)"

예전의 저는 이와 비슷한 상황이 생기면 아무 말도 하지 않았습니다.

'그래, 넌 그런 사람이야. 상대할 가치가 없어.'

상대방은 모르게 저 혼자 낙인을 찍고 대했기 때문에 겉으로는 그럭저럭 괜찮은 관계를 유지했지만, 실제로는 사람들을 온전히 믿기 어려웠습니다. 제가 찍은 수많은 낙인처럼 다른 사람들 역시 진실함이 아닌 가식으로 저를 대한다고 여겼기 때문입니다. 긁어 부스럼 내기 싫어서 말하지 않는다고 했지만, 제가 찍은 낙인이 잘못된 낙인이라는 사실을 인정하기 싫었습니다. 불편한 상황에서 어떻게 말해야 할지 몰랐기 때문에 가장 쉬운 방식인 '낙인찍기'를 선택했다는 것을 오랜 시간이 지나서야 깨달았습니다.

감정에 솔직해도 괜찮습니다. 감정에는 옳고 그름이 없습니다. 휘몰아치는 감정으로 인해 힘들고 아프다면 그만큼 욕구가 깊이, 반복적으로 손상되었다는 의미이지 감정 자체의 문제가 아닙니다.

학원에 간 줄 알았던 자녀가 학원을 빠지고 PC방에 갔다면 어떤 감정이 들까요? 먼저 감정과 욕구를 살펴보세요. 그리고 자녀에게 어떻게 이야기하면 좋을지 생각하고, 글로 적어보세요. 글로 쓰지 않으면 굳어진 습관대로 말이 용수철처럼 튀어나옵니다. 바로 이야기하지 않는다고 들을 귀가 사라지는 건 아니니, 시간과 공간을 분리한 후 하고 싶은 말을 정리하세요. 이렇게 대화할 수 있습니다.

- **비난, 폭력적인 말**

  네가 제 정신이야? 어떻게 학원에 빠지고 PC방에 갈 수가 있어? 1분 1초가 아까운 때에 뭐 하는 거야! 너 대학 포기한 거 맞지?

- **본질대화**

  엄마는 네가 학원에 빠지고 PC방에 갔을 때(관찰), 슬프고 불안하고 기운이 빠졌어(감정). 엄마는 네가 지금 당장은 힘들어도 유익한 것을

선택하면 좋겠어(욕구). 너는 어떻게 생각해?(부탁)

해야 할 말이 아닌 하고 싶은 말, 곧 욕구를 충족하는 대화를 하는 것이 본질입니다. 부모로써 하는 조언이나 충고가 아닌, 사람 대 사람으로 하고 싶은 말을 솔직하게 작성하세요. 자녀에게 필요한 것은 충고와 조언이 아닙니다. 충고와 조언으로 관계가 회복된다면 이미 회복되었겠지요.

감정을 적절하게 표현하지 않으면 감정이 나를 잡아먹는다는 사실을 기억하세요. 표현하면 다룰 수 있지만, 표현하지 않으면 먹히고 마는 것이 감정입니다. 너무 화가 나고 짜증이 나서, 극도로 긴장이 몰려와서, 나도 모르게 욱해서 하는 말은 오해와 갈등의 원인이 됩니다.

KEY POINT

'~하는 느낌'이라고 표현하는 단어는 진짜 느낌이 아닙니다. 감정은 오직 감정으로 표현해야 평가와 판단이 섞이지 않습니다. 억누르지 않고 감정을 표현할 때, 비로소 감정을 다룰 수 있습니다.

내 욕구가 소중한 만큼
자녀의 욕구도 존중하라

왜 말하고 행동하는지 생각해 본 적 있으신가요? 앞서 이야기했듯이 저는 감정 일기를 쓰고 감정을 면밀히 살피기 전까지 욕구에 대해 생각해 본 적이 없었습니다. 욕구의 존재 자체를 의식하지 못했으니 생각하지 못한 것은 당연했습니다. 하지만 감정 일기를 쓰면서 필요와 원함을 알게 되었고, 아이들과 다툴 때마다 이런 생각이 들었습니다.

'내가 원하는 건 이게 아닌데. 난 이런 의도로 말한 게 아닌데, 왜 상황은 더 나빠지고 사이는 더 틀어지는 걸까?'

조금씩 저에 대한 객관적인 인식과 공감을 하면서 아이들에 대한 인식도 가능해졌습니다.

'내가 괴롭고 힘든 만큼 아이도 힘들겠구나. 내가 무슨 말을 어떻게 해야 할지 모르는 것처럼 아이도 몰라서 그렇게 했 겠구나. 내가 잘 지내고 싶은 만큼 아이도 나랑 잘 지내고 싶 겠구나.'

아이들과의 본질대화가 자리 잡기 전, 과도기 동안 아이들 과 언성이 높아질 때마다 가장 많이 한 말은 바로 이 말입니다.

"엄마랑 싸우고 싶니? 그게 네가 원하는 거야? 네가 정말로 원하는 게 뭐니? 엄마는 너랑 싸우고 싶지 않아."

어느 부모가 자식과 싸우고 싶을까요? 싸우려고 대화를 한 게 아닌데 점점 싸움으로 치달을 때마다 저는 대화의 본질과 목적을 생각했습니다.

'나는 왜 아이와 이야기를 시작했지? 내가 원하는 것은 무엇 일까?'

대화를 하려던 목적이 싸움이 아니었기 때문에 싸움으로 넘 어가는 것은 막아야 했습니다. 씩씩 숨을 몰아 쉬고 저를 쨰려 보던 아이 역시 엄마랑 싸우는 게 목적이냐고 물으면 아니라 고 소리 질렀습니다. 참 이상하지요? 둘 다 싸움을 원치 않았 는데, 현실은 정반대였습니다.

배에 선장이 없으면 조난하기 쉽고, 지도와 나침반 없이 산 을 오르면 길을 잃기 쉽습니다. 이처럼 대화의 목적을 상실하면 갈등과 오해가 빚어집니다. 하지만 커다란 배도 단 한 명의 선장으로 충분한 것처럼, 대화 역시 단 한 사람만 목적을 인식해도 갈등과 다툼이 심화되는 것을 막을 수 있습니다.

목적의 인식은 욕구에 대한 인식입니다. 나는 자녀와 대화를 왜 하는가? 무엇을 원하는가? 싸우려고 한 게 아닌데 싸움으로 번지고 있다면 어떻게 해야 할까? 목적이 명확하면 시간이 걸려도 목적을 달성하기 위한 방법을 찾을 수 있습니다.

내가 원하는 것을 자녀도 원합니다. 대화의 목적인 욕구 차원에서는 갈등이 없습니다. 소통, 연결, 배려, 존중, 공감, 이해, 사랑, 휴식, 수면, 자유, 성장, 성취, 안전, 안도, 자기보호, 예측가능성, 일관성, 균형, 질서, 따뜻함, 친밀함, 보람, 기여, 상호성, 협력, 인정, 돌봄, 지지에서 갈등이 일어날 수 있을까요?

—— 욕구는 삶의 에너지가 우리를 통해서 표현되는 것이다.

- 마셜 로젠버그

욕구 자체의 문제가 아닌 욕구를 충족하는 수단과 방법에서 갈등이 일어납니다. 모든 말과 행동은 의식적이든 무의식적이든 욕구를 충족하려는 의도가 있습니다. 그 순간에 진정으로 원하는 것에 대한 인식이 없으면 욕구를 충족하기 위한 방법을 찾을 수 없습니다. 오히려 자신과 다른 사람의 욕구를 충족할 수 없는 비본질적인 말과 행동을 하게 됩니다. 사랑하는 사람과 대화를 나누면서 원치 않는 갈등과 다툼에 빠지는 이유는 바로 이 때문입니다.

더불어 내 욕구를 알아야 다른 사람의 욕구 역시 존중할 수 있습니다. 내 욕구를 알지 못하는 사람이 다른 사람의 욕구를 존중하고 수용할 수 없습니다. 내 욕구가 소중한 만큼 다른 사람의 욕구 역시 존중해 주어야 합니다. 이처럼 욕구 차원에서 연결할 때 다른 사람과의 이해와 공감이 가능합니다.

방을 치운다고 한 지 한 달이 지났지만, 쓰레기장과 다름없는 자녀의 방을 보고 드는 감정과 욕구는 무엇인가요? 내 감정과 욕구를 찾은 후, 한 달이 지나도록 방을 치우지 않고 그대로 두고 있는 자녀의 감정과 욕구를 추측해 보세요. 유행하는 점퍼가 아니라고 다른 점퍼를 사달라고 하는 자녀에게 드는 감정과 욕구는 무엇인가요? 내 감정과 욕구를 찾은 후 자녀의 감정과 욕구를 추측해 보세요.

KEY POINT

대화의 목적을 명확히 인식해야 비본질에 집착하지 않습니다. 단 한 사람만 욕구를 인식해도 심각한 갈등과 다툼으로 번지지 않습니다. 대화의 열쇠는 상대방이 아닌 나에게 있습니다.

부탁해야 욕구를 충족할 수 있다

진정한 소통에 필요한 것은 소통의 기술과 대화 스킬이 아닙니다. 핵심은 감정을 온전히 느끼고 정확한 욕구를 인식하는데 있습니다. 감정과 욕구, 이 두 가지만 명확하게 인식하면 대화로 인한 단절과 어려움을 해결할 수 있습니다. 내 감정과 욕구를 인식하면, 상대방의 감정과 욕구를 추측하고 존중할 수 있습니다.

어떻게 상대방에게 당신의 감정과 욕구를 존중하고 있다는 사실을 알릴 수 있을까요? 이때 필요한 것이 바로 '부탁'입니다. 부탁은 자신의 욕구를 인식한 후, 원하는 삶을 구현하기 위한 행동을 요청하는 것입니다. 그렇다면 부탁할 때 항상 상대방이 필요할까요? 그렇지 않습니다. 부탁은 상대방의 존재 유무와 관계없이 할 수 있습니다. 스스로 하는 질문과 다짐 역시 부탁입니다.

"○○ 욕구를 채우고 싶어. 그렇다면 이걸 해보는 건 어떨까? 이 방법은 어때?"

평소에 우리는 의식하지 않은 상태에서 우리 내면과 많은 질문과 대화를 나눕니다. 무의식에서 습관적으로 이루어졌기 때문에 무엇이, 어떻게 잘못되었는지 인식하지 못할 뿐입니다. 이렇게 무의식에서 이루어진 대화를 의식에서 이루어지도록 의도적으로 변화시켜야 합니다.

우리가 하는 내면의 부탁은 '밥 먹자, 씻자, 자자, 놀자, 쉬자'와 같은 청유형이 대부분인 것 같지만, '일어나라, 출근해라, 공부해라, 운동해라'와 같은 명령과 강요의 비중이 큽니다. 상대방에게는 존중을 담아 질문하면서 정작 나 자신에게는 그렇지 않습니다. 게다가 때로는 '하지 마, 그만둬, 포기해'와 같은 부정적인 명령이 더해져 가장 중요한 나 자신과의 연결과 소통이 단절된 나머지 압박과 고립을 느끼게 됩니다.

나에게 하는 말부터 바꿔보세요. 나에게 하는 말이 바뀌어야, 다른 사람에게도 바르게 부탁할 수 있습니다.

부정적인 부탁 표현 바꾸기	
울면 안 돼	눈물이 날 만큼 서운하고 슬프지? 이런 상황에서 무엇을, 어떻게 해야 위로할 수 있을까?
화내지 마	안정을 취하고 싶었는데, 화가 날 정도로 두렵고 속상했구나. 편안함과 안정을 취하기 위해 무엇을 할 수 있는지 살펴볼까?
불안해하지 마	불안이 올라오기 전, 불안을 대비해 안심 리스트를 만들어서 활용하면 어떨까? 심호흡, 음악 감상, 명상 또 무엇을 할 수 있을까?

부탁이라고 하면 뭔가 딱 떨어지는 구체적인 답을 해야 할 것 같지만 그렇지 않습니다. 답이 나오지 않아도 얼마든지 대화의 목적인 연결에 맞게 나 자신은 물론 상대방을 대화에 초청할 수 있습니다.

"내 이야기를 들으니 어떤 생각이 들어? 내 생각은 이런데 너는 어때? 너는 어떻게 생각해? 이 부분에 대한 네 의견은 어때?"

이런 말을 들으면 상대방은 자연스럽게 적극적으로 대화에 동참할 수 있습니다. 물론, 때로는 자연스러운 연결보다 명확하고 구체적인 행동을 요청해야 할 때도 있습니다.

"올 한 해 우리 반 친구들이 모두 원만하고 사이좋게 지내면 좋겠어."

이런 경우 어떻게 하면 원만하고 사이좋게 지낼 수 있는지, 부탁 자체가 모호하기 때문에 명확성과 구체성이 필요합니다. 이때 구체적인 부탁과 함께 '너희들 의견은 어때?'라는 상대방의 욕구를 존중해 말을 덧붙이면, 상대방과 자연스러운 연결이 가능해집니다.

"올 한 해 우리 반 친구들의 인사 구호는 '사랑합니다'로 하면 좋겠어. 너희들 의견은 어때?"

다른 예를 생각해 볼까요? 원하는 만큼 점수가 나오지 않자 며칠 째 방에 틀어박혀 풀이 죽어 있는 자녀를 보고 엄마가 말합니다.

"엄마는 네가 좀 더 자신감을 지니면 좋겠어."

자녀를 위해 위로와 격려 차원에서 한 말이라고 생각하지만, 실은 엄마의 욕구가 채워지지 않아서 한 부탁입니다. 엄마의 욕구는 사랑, 관심, 연결, 돌봄, 안심, 안전, 안정, 상호성, 예측가능성입니다. 이렇게 부탁하면 어떨까요?

"엄마는 네가 강아지와 산책하면서 기분 전환하고 오면 좋을 것 같은데, 어때?"

풀 죽은 상태의 자녀 역시 자신감을 회복하고 싶겠지요. 하지만 마음이 힘들어서 이도 저도 되지 않기 때문에 방에 틀어박혀 있을 뿐입니다. 이럴 때는 기분 전환할 수 있는 가벼운 활동을 구체적으로 부탁해야 합니다. 모호한 부탁은 새로운 오해와 갈등을 유발할 수 있고, 부탁의 가치와 의미가 사라질 수 있습니다.

또한, 부정을 부탁으로 착각하는 경우가 많습니다. 부정은 원하는 것이 아닙니다. '잔소리하지 마, 싸우지 마, 욕하지 마, 대들지 마, 지각하지 마' 등의 말로는 욕구를 알기 어렵습니다. 대화의 주체는 항상 나라는 사실을 기억하세요. 상대가 하지 않기를 바라는 것이 아닌 내가 원하는 욕구에 초점을 맞춰야 합니다.

'아내가 잔소리하지 않고 바가지 긁지 않으면 좋겠다.'

이런 생각을 하는 남편의 욕구는 휴식, 안정, 편안함, 존중, 배려, 평화, 공감, 이해를 꼽을 수 있습니다. 이 경우, 남편은 두 가지 방식으로 아내에게 부탁할 수 있습니다.

"나는 퇴근하고 오자마자 반찬 사 오고, 애들 데리고 오라는 말을 들으면 속상하고 기운이 빠져. 집에 도착하면 잠시 쉬었다 편안하게 식사하고 할 일을 마무리하고 싶거든. 당신 생각은 어때?"

"나는 퇴근하고 오자마자 반찬 사 오고, 애들 데리고 오라는 말을 들으면 속상하고 기운이 빠져. 집에 도착하면 잠시 쉬었다 편안하게 식사하고 하루를 마무리하고 싶거든. 퇴근하고 집에 와서 30분 정도 여유 시간을 주면 어떨까? 잠시 숨돌리고 시간 맞춰서 애들 데리러 갈게."

첫 번째 방식은 연결에 초점을 맞춘 부탁이고, 두 번째는 행동에 초점을 맞춘 부탁입니다. 어느 것이 더 좋고 나쁜 것이 아닌 상황과 선호도에 따라 활용할 수 있습니다.

부탁할 때 기억해야 할 점이 있습니다. 부탁하면 상대방이 들어주기를 바라는 마음은 인지상정입니다. 하지만 나에게 부탁할 수 있는 욕구와 선택권이 있는 것처럼, 상대방 역시 거절할 수 있는 욕구와 선택권이 있다는 사실을 기억해야 합니다. 상대방이 부탁을 들어줄 때만 성공한 대화가 아닙니다. 대화를 통해 진정한 연결과 소통을 하는 것, 또한 거절하는 상대방의 욕구를 공감하고 서로의 욕구를 충족할 방법을 지속적으로 모색하는 것이 부탁의 목적이자 역할입니다.

감정과 욕구를 표현하지 않으면 부탁은 강요로 변질되기 쉽습니다. 변화가 아닌 변질은 오해와 갈등의 요소가 됩니다. 그래서 무엇보다 감정을 충분히 느끼고 욕구를 정확히 인식한 후 부탁해야 합니다.

　용기 내어 부탁했는데 거절 받으면 기분이 어떨까요? 썩 좋지 않습니다. 때로는 나라는 존재 자체가 부정당했다는 생각이 들기도 합니다. 하지만 상대방은 나를 거절한 것이 아니라 내 부탁을 거절했다는 사실을 기억하세요. 나와 부탁은 다른 존재입니다.

KEY POINT

부탁하지 않고 욕구를 충족할 수 있는 방법은 없습니다. 그래서 구체적이고 명확한 부탁이 필요합니다. 나는 지금 어떤 감정을 느끼고 있는지 감정과 욕구를 찾아보고, 부탁까지 해보세요. 나에게 부탁할 수 있어야 다른 사람에게도 부탁할 수 있습니다.

명확하고 구체적인 욕구를 표현하라

"아파."

아침에 아무리 깨워도 일어나지 않는 딸이 한 말이었습니다. 워낙 자주 아픈 아이라 조퇴와 결석이 잦은 데다, 아픔의 강도가 어느 정도인지 가늠할 수 없어서 재차 흔들어서 깨웠습니다.

"어디가 아프니? 일어나서 학교에 가야지."

"졸려. 머리 아파."

평소에도 욕구를 표현하는 것보다 평가와 판단의 말에 익숙한 딸입니다. 듣는 상대방의 입장은 배려하지 않고, '나는 내 말(감정, 평가, 판단, 생각)만 던진다'라는 태도입니다. 그런 태도로 던지는 말은 돌과 같아서 이솝우화에 나오는 개구리처럼 상대가 맞아 죽을 수 있다고 해도, 명령조에 무뚝뚝한 말투는 좀처럼 고쳐지지 않았습니다.

제가 컨디션이 좋고 몸과 마음에 여유가 있을 때는 이런 아이의 특성이 문제가 되지 않습니다. 오히려 유머로 받아서 즐겁게 웃고 넘깁니다. 하지만 이날은 저도 며칠째 수면 부족과 과로에 심신이 지칠 대로 지친 상태였습니다.

"아파서 어쩌겠다고? 졸려서 어떡할 건데? 무조건 말만 던지면 어떻게 하겠다는 거니? 설마 학교에 또 빠진다는 소리야?"

"아프고 졸린다고."

"그래서, 원하는 게 뭐냐고!"

"학교에 못 가겠어."

아프다는 아이를 위로하고 돌봐주기는커녕 저는 새벽부터 아이와 큰소리를 내며 다퉜고, 결국 아이는 학교에 가지 않았습니다.

자신이 무엇을 원하는지 알지 못하는 아이, 알아도 당당하게 표현하지 않는 아이를 보면 슬프고 마음이 아프다 못해 무너집니다. 우울과 불안에서 벗어나 밝게 자라고 있는 것만으로 감사해야 하는데, 아직 선택을 두려워하는 모습, 선택에 책임을 지지 않으려고 하는 딸의 모습에 힘겨울 때가 있습니다. 스스로 선택하지 않으면 누군가 대신 선택해야 합니다. 특히 아이가 선택하지 않으면 부모가 선택해야 합니다. 그리고 그 선택에 대한 책임은 고스란히 부모가 지게 됩니다. 아직은 미숙한, 질풍노도의 시기를 겪고 있는 아이입니다. 이해 못하는 바가 아니지만, 부모를 내세워 교묘히 피하고 숨으려고 할 때마다 숨이 막힐 것 같은 두려움에 사로잡힙니다. 그리고 두려움의 세력이 커지면 화로 표출됩니다.

아이가 예전의 저처럼 선택을 회피하는 미성숙한 인간, 성인이라는 이름에 걸맞지 않은 무책임한 삶을 살까 봐 느끼는 두려움과 불안이 저에겐 있습니다. 아이는 저와 다르다는 사실을 인식하면서도 몸과 마음이 지칠 대로 지친 날에는 아무 생각이 나지 않습니다. 오직 제 욕구와 감정에만 사로잡힌 채 익숙하지만 원치 않는 방식으로 말을 내뱉습니다.

부모의 욕심과 성급함에서 저 또한 자유롭지 못합니다. 욕심이라기보다 저를 보호하고 안심하고, 자유와 홀가분함을 누리고, 예측가능한 삶을 바라는 욕구 때문입니다. 오랜 기간 충족하지 못한 욕구는 이렇게 몸과 마음이 바닥에 떨어졌을 때 고개를 빳빳이 들고 존재감을 드러냅니다. 한껏 치솟은 존재감은 이내 바닥에 고꾸라져 후회와 자책의 심연으로 빠져듭니다.

'미쳤구나. 아픈 애를 붙잡고 뭐 하는 짓이야? 이게 화낼 일이냐고. 내 욕구가 채워지지 않은 걸 왜 애를 잡아. 이렇게까지 화를 낼 일이 아니잖아….'

수면 부족과 과로에 말할 수 없이 피곤해서 그 전날 아침에도 알람을 끈 기억도 없이 다시 잠들었습니다. 저 때문에 하마터면 아이는 교회에 늦을 뻔했습니다. 큰소리를 낸 날, 모든 조건이 공감과 연결의 대화를 하기 힘든 조건에 완벽히 들어맞았습니다. 수면 부족에 누적된 과로, 빈번하고 반복적인 아이의 병치레, 빨리 아이를 건강하게 하고 싶지만 뜻대로 되지 않는 데서 오는 좌절감과 무력감, 욕구보다 더 크게 휘몰아친 감정에 사로잡혀 모든 책임을 아이에게 돌리고 있었습니다. 마음을 가라앉히고 딸에게 하고 싶은 말을 정리했습니다.

- **본질대화**

    엄마는 아침에 네가 아프고 졸린다고 할 때(관찰), 불안하고 걱정되고 심란했어(감정). 엄마는 네가 자신을 위해 유익한 것을 선택하고, 원하는 것을 구체적으로 표현하면 좋겠거든(욕구). 네 생각은 어때?(부탁)

'아파, 힘들어, 짜, 달아, 추워, 더워, 졸려, 배고파, 배불러, 뜨거워, 차가워'와 같은 말은 일상에서 흔히 사용하는 말입니다. 이 말 자체에는 문제가 없지만, 말의 앞뒤에 관찰과 욕구 없이 사용하면 문제가 될 수 있습니다.

딸의 표현처럼 밑도 끝도 없이 던지는 말은 듣는 사람을 피로하게 합니다. 욕구를 명확하게 이야기하지 않으면 상대방은 모호한 욕구를 추측해서 채우려고 합니다. 추측한 욕구가 맞는 경우에는 서로 만족스럽지만, 그렇지 않은 경우에는 해주고도 좋은 소리를 듣지 못해서 마음이 상하고 관계가 멀어질 수 있습니다.

모호한 욕구 표현 바꾸기	
아파	아파서 집에서 쉬고 싶어.
졸려	졸려서 30분 정도만 자고 갈게.
짜	내 입에는 국물이 좀 짠데, 더운물 좀 부어줄 수 있어?
뜨거워	차가 뜨거워서 좀 식혔다 마실게.
배불러	음식이 맛있어서 과식했더니 배가 불러. 소화 시킬 겸 산책할까?

평소에는 관찰, 부탁까지 모두 넣지 않고, 욕구만 명확하게 이야기해도 별문제가 없습니다. 가족과 친구 사이에 존재하는

유연성과 친밀함이 대화에 기름칠을 더해 주기 때문입니다. 그럼에도, 아무리 유연성과 친밀함이 많아도 빈번하게 욕구를 추측하고 채워줘야 하는 관계는 피로도가 상승한다는 사실을 기억하세요. 피로도가 올라가면 '아파, 졸려, 배고파, 배불러, 짜, 달아, 매워, 뜨거워'와 같은 지극히 개인적이고 사소한 평가의 말에 '그래서 뭐 어쩌라고?'와 같은 반응이 나올 수 있습니다.

관계의 피로도를 높이는 사람은 상대방이 아닌 나입니다. 마찬가지로 피로도를 덜 수 있는 사람 역시 상대방이 아닌 나 자신입니다.

KEY POINT

가족과 친구처럼 기본적인 완충재가 있는 사이에서는 관찰과 욕구 정도만 이야기해도 적절한 공감과 이해를 받을 수 있습니다. 그러니 무엇보다 명확하고 구체적으로 욕구를 표현하세요.

대화의 목적은
승리가 아닌 연결이다

욕실 청소를 하다 하마터면 바디 스크럽을 떨어뜨릴 뻔했습니다. 스크럽을 거의 다 사용한 것은 며칠 전부터 알고 있었습니다. 누군가 물을 부어 놓은 채 뚜껑을 닫아놓지 않아서 그때도 떨어뜨릴 뻔했거든요.

아이들이 어렸을 때 절반 정도 남은 샴푸와 바디 클렌저에 물을 부어 놓고 못쓰게 만드는 일이 비일비재했습니다. 그래서 어렸을 때는 이걸로 꽤나 실랑이를 했습니다. (아이들은 왜 그렇게 샴푸 통에 물을 붓고 싶었을까요? 아마 재미, 도전, 창조의 욕구였을 텐데, 이제야 온전히 이해하고 공감하게 되네요.) 커서는 이런 적이 거의 없었는데, 최근 며칠 사이에 두 번이나 그러니 기분이 좋지 않았습니다.

'대체 몇 살인데 이래?'

'누가 그런 거야?'

연결은 온데간데없이 범인을 찾고 싶은 마음이 들었습니다. 하지만 감정과 욕구를 찾으며 아이들에게 할 말을 찬찬히 정리했습니다.

'엄마가 욕실 청소를 하다 스크럽에 물이 부어져 있고 뚜껑이 열려있어서 떨어뜨릴 뻔했어. 그래서 당황하고 놀랐어. 사용하다 더 이상 나오지 않으면 버리던가, 아니면 뚜껑을 잘 닫아놓으면 좋겠어.'

머릿속에서는 열심히 정리했지만, 그날따라 감기 기운에 대청소를 하고 힘들어서인지 생각했던 것과는 전혀 다른 말이 불쑥 튀어 나갔습니다.

"누가 욕실의 스크럽에 물 부어놨어? 며칠 전에도 그래서 떨어뜨릴 뻔했는데. 다 썼으면 치우던가 아니면 뚜껑을 잘 닫아놓던가 해야지. 누가 그랬어?"

"난 아니야."

동시에 두 아이의 입에서 튀어나온 말은 똑같았습니다. 저는 아이들의 답을 듣고 사태를 파악할 수 있었습니다. 연결해서 부탁하고 싶었던 제 마음과 달리, 아이들에게는 범인을 색

출해서 혼내겠다는 말로 들린 것입니다. 감정과 욕구, 부탁 없이 옳고 그름과 평가가 들어간 말에는 누구나 긴장하고 방어합니다.

역시나 자신을 보호하기 위해 아이들이 택한 방식은 방어와 부정이었습니다. 아이들의 욕구를 이해하면서도, 자신의 실수를 인정하지 않고 정직하지 못한 태도에 실망했습니다. 무엇보다 옳고 그름을 따지고 평가하는 말로 대화를 단절시킨 저 자신에게 자괴감이 들었습니다. 그래서 다시금 솔직하게 원하는 바를 이야기했습니다.

"얘들아, 엄마는 혼내려고 말한 게 아니야. 며칠 전에도 스크럽을 떨어뜨릴 뻔했는데 오늘도 그래서 당황하고 놀랐어. 그래서 앞으로는 버리던가 뚜껑을 잘 닫아놓으면 좋겠다고 부탁하고 싶었는데, 부탁으로 들리지 않았네. 우리는 이런 순간이 많았지. 엄마가 어릴 때 너희에게 이런 이야기를 하면 아직 어리니까 엄마가 혼낸다고 생각한 것 같아. 그런데 혼내고 싶어서 말한 게 아니라는 점을 이해하면 좋겠어. 뭔가 불편하고 불만족스러운 상황이 생겼을 때 혼낼 목적으로 말하는 게 아니거든. 범인을 찾아서 응징하려는 것도 아니야. 단지, 앞으로 이런 상황에서 조금 더 만족스럽고 여유 있게 반응하도록 부탁하고 싶었던 거야. 그리고 정직하지 않은 모습을 보면 기운이 빠지니까 정직하게 말하면 좋겠어. 앞으로 그럴 수 있겠어?"

"응."

저는 누가 그랬는지 더 이상 묻지 않았고, 아이들도 대답하지 않았습니다. 하지만 이것으로 충분했습니다. 제가 원한 것은 범인을 찾는 것이 아니었기 때문에 맛있게 저녁 식사를 하고 기분 좋게 하루를 마무리했습니다.

때로는 의도치 않게 옳고 그름을 구분하고 평가하는 말이 나올 때가 있습니다. 이런 경우 그냥 넘어가지 말고 솔직하게 원하는 욕구를 이야기해야 합니다. 그리고 더욱 직설적으로 이야기할 필요가 있습니다. "엄마는 너희를 혼내지 않아. 혼내려고 말한 게 아니야. 엄마가 혼낼 목적으로 말했다고 생각하면 서운하고 속상해. 앞으로는 말과 표정에 보다 신경 써서 이야기할게. 응징이 아닌 부탁을 하고 싶었다는 사실을 이해해주면 좋겠어"라는 식으로 말이지요.

우리는 부탁을 해본 적도, 들어본 적도 많지 않기 때문에 부탁을 부탁이 아닌 응징이라고 생각합니다. 옳고 그름을 판단해서 이기는 것이 대화의 목적이라고 생각합니다. 때문에 잘못하면 혼나는 것 역시 당연하다고 여깁니다.

대화의 목적은 승리가 아닌 연결입니다. 연결은 응징이 아닌 부탁으로 이루어집니다.

KEY POINT

나무라고 화를 내는 방식으로는 대화의 목적인 연결을 완성할 수 없습니다. 먼저 연결해야 서로의 욕구를 충족할 방법을 찾을 수 있습니다.

무턱대고 따라 하기보다
자녀의 마음을 읽어주라

"엄마, 친구들이 새로 한 헤어스타일이 이상하다고 놀렸어."
"친구들이 네 헤어스타일이 이상하다고 놀렸어?"

대화에 대해 좀 안다고 생각하는 사람들이 빈번하게 사용하는 화법 중의 하나가 '따라 하기'입니다. 소통을 위해 알려진 방법 중 대표적인 방법이라고 할 수 있지요. 따라 하기만 해도 호감을 얻을 수 있고 상대방에게 공감받는 느낌을 줄 수 있기 때문입니다. 동시에 경청하고 있다는 사실을 직접적으로 알려줄 수 있는 효과적인 방법이기도 합니다.

하지만 무턱대고 따라 하면 역효과가 일어날 수 있습니다. 따라 해도 문제가 없는 경우는 상대방이 자신의 감정을 드러내어 표현했을 때, 그 감정에 대한 호응입니다.

"선생님이 반 애들 전부 있는데 혼내서 많이 속상하고 부끄러웠어."

"저런, 속상하고 부끄러웠겠다."

"○○이가 갑자기 나를 좋아한다고, 고백해서 엄청 당황스러웠어."

"엄청 당황스러웠겠네."

"회의 시간에 지각해서 얼마나 민망하고 눈치가 보였는지 몰라."

"진짜 민망하고 눈치 보였겠어."

이런 경우의 따라 하기는 공감입니다. 상황에 대한 판단과 평가, 말하는 사람의 옳고 그름을 떠나, 상대방이 느끼는 감정을 있는 그대로 돌려주기만 해도 공감 받았다고 느낍니다. 하지만 그 외의 상황에서는 그렇지 않습니다. 다시 첫 문장으로 돌아가 보겠습니다.

"엄마, 친구들이 새로 한 헤어스타일이 이상하다고 놀렸어."

"친구들이 네 헤어스타일이 이상하다고 놀렸어?"

이런 방법으로 따라 하면 어떻게 될까요? 공감은 주고받을 수 있지만 의도치 않게 친구들은 이상하고 나쁜 사람이 되어 버립니다. 주로 대화가 이렇게 진행되기 때문입니다.

"응, 애들이 이상하대."

"아니야. 걔들이 보는 눈이 없어서 그래. 세련되고 예쁘기만 한데. 애들이 네 수준을 못 따라와서 그런 거야."

"그렇지? 엄마 보기에도 괜찮지? 나 혼자만 괜찮은 거 아니지?"

"그럼."

따라 했을 뿐인데 순식간에 친구들은 보는 눈이 없고 수준을 못 따라오는 사람이 되어버렸습니다. 친구들의 평가와 판단에 상처받은 자녀 역시 동일하게 되갚아 주면서 평가와 판단을 강화시키게 되었습니다. 더 나아가서, 나와 다른 생각을 이야기하는 사람을 적군으로 여기고, 다름을 틀림으로 고착시키게 됩니다. 생각과 의견은 얼마든지 다를 수 있습니다. 자녀가 폭넓고 다양한 시선으로 살아가게 하고 싶다면, 유연한 관계를 맺고 원만한 소통을 하게 하고 싶다면, 판단과 평가가 아닌 자녀의 감정과 욕구에 초점을 맞춰보세요.

자녀가 친구들에게 느낀 감정은 무엇일까요? 서운함, 속상함, 아쉬움, 부끄러움 같은 감정입니다. 헤어스타일을 새로 한 아이는 친구들을 만나서 어떤 말을 듣고 싶었을까요? 아마 근사하고 잘 어울린다는 칭찬, 감각 있다는 말, 뭘 해도 멋있다는 그런 말이겠지요. 이때 해야 할 말은 따라 하기가 아닌 인정받고 싶은 자녀의 마음 읽어주기입니다.

"서운했겠네. 근사하게 잘 어울리는데."

소통에 필요한 것은 긴 대화가 아닙니다. 말이 길어지면 솎아 내야 할 가지가 많아집니다. 상대방이 자신의 감정과 욕구를 충분히 이야기할 수 있도록 자리만 펼쳐주세요. 누울 자리가 있어야 두 발을 편히 뻗을 수 있는 것처럼, 엄마가 할 일은 자리 깔아주기입니다. 무턱대고 하는 따라 하기는 관계를 악화시키고 세상을 이분법적으로 보게 합니다.

어릴 적 친구나 형제자매가 놀아주지 않는다고 이야기하는 아이에게 어떻게 반응하셨나요?

"엄마, ○○이가 안 놀아줬어."

이때 많은 경우 이렇게 이야기합니다,

"○○이가 안 놀아줬어?"

그러다 결국 엄마가 나서서 ○○이에게 같이 놀아주라고 합니다. 그런데 ○○이가 고분고분 말을 들을까요? 아이는 ○○이와 놀고 싶어서 엄마에게 이야기한 건데, 오히려 ○○이와 사이가 틀어져서 놀지 못하게 되는 경우가 많습니다. 이럴 때는 이렇게 이야기해야 합니다.

"○○이랑 놀고 싶었구나."

아이가 원한 욕구인 '즐거움, 재미, 상호성, 유대감, 소통, 연결, 친밀함'에 초점을 맞추면 아이는 판단에서 벗어나 감정을 표현할 수 있습니다.

"응. 근데 안 놀아줘서 기분 나빠."

"속상하고 서운하겠다. 그런데 지금은 ○○이가 숙제를 해야 하나 봐. 어떻게 하면 좋을까? 숙제가 끝날 때까지 엄마랑 책을 읽을까? 아니면 잠시 피아노 치고 있을래?"

맹목적인 따라 하기는 모두를 악당으로 만들 수 있지만, 감정과 욕구 읽어주기는 모두를 구원자로 만들 수 있습니다.

KEY POINT

따라 하기에도 기술이 필요합니다. 앵무새처럼 반복하는 것은 더 큰 상처와 갈등을 일으킬 수 있습니다. 부모가 해야할 것은 따라 하기가 아닌 자녀의 감정과 욕구 읽어주기입니다.

5장
사춘기 자녀의 성장을 돕는 성장 대화의 본질

상대방의 감정과 욕구에 집중하고 공감하라

"너 원래 그러잖아. 그 일 때문에 어쩔 수 없었어."
'또 저렇게 말하네? 자기가 뭘 안다고. 핑계 좀 그만 대라고! 그러는 너는?'

저는 듣기 싫은 말, 비난과 비판의 말을 들을 때마다 단전에서부터 불덩이가 올라왔습니다. 어떻게 저런 식으로 말할 수 있는지, 상대방의 부족한 인격과 이해심에 치가 떨렸습니다. 무심코 던진 돌에 맞아 죽는 개구리를 떠올리며 화와 분노를 삭였습니다. 하지만 때로는 저의 화와 분노가 상대방에게 표출되었고, 때로는 저의 내면을 공격했습니다.

우리는 상대가 만만하고 나보다 약하다는 생각이 들면 분노를 외부로 표현합니다. 상대방의 말을 공격으로 받아들이면서, 상대방을 반박하고 비난하는데 초점을 둡니다. 그러면서 자신의 감정과 상황의 모든 책임을 상대방에게 떠넘깁니다. 때때로 수치심이나 죄책감을 심어주고 벌과 폭력도 정당화합니다.

반면에 상대가 나보다 강하다고 여기면 자아비난의 형태로 공격합니다. '내가 부족해서 그래. 내 잘못이야. 내가 문제야.' 상대방이 하는 말을 그대로 받아들여 상처를 받고, 그 책임이 자신에게 있다고 생각하기 때문에 스스로를 탓합니다. 그래서 죄책감, 수치심, 우울감을 느낍니다. 다른 사람이 나를 어떻게 보는지가 중요하기 때문에 변명하거나 상대방의 기분을 맞추려고 노력합니다. 이런 경우, 피해의식을 갖고 자존감이 손상되어 진정한 연결과 인간관계가 어려워집니다.

듣기 힘든 말을 들었을 때 나오는 자동적인 공격 반응은 그동안의 경험과 지식, 선입견에서 나오는 제2의 천성이자 습관적인 패턴입니다. 저는 듣기 힘든 말을 들으면 저에게는 아무런 선택권이 존재하지 않는다는 무력감에 상대방을 원망했습니다. 공격은 또 다른 공격을 낳는 법, 원망의 최종 종착지는 결국 저 자신이었습니다. 수없이 저의 부족함과 모자람을 반추했습니다. 감정에 휩싸여 내면의 욕구를 인식하지 못했기 때문에 이런 반응은 지극히 자연스럽고 당연하다고 여겼습니다.

하지만 욕구를 인식한 후부터는 욕구가 아닌, 욕구를 충족하기 위한 방법에 잘못이 있다는 사실을 알게 되었습니다. 더불어 듣기 힘든 말을 들었을 때, 공격 대신 수용이 가능하다는 사실도 깨닫게 되었습니다.

'저런 말을 들으니(관찰), 속상하고 서글퍼(감정). 나는 나름대로 노력했다는 사실을 이해받고 인정받고 싶어(욕구). 우리가 서로 조금 더 이해하고 다정한 방식으로 말할 수 있으면 좋겠어(부탁).'

듣기 힘든 말을 들었을 때, 가장 먼저 해야 할 것은 자기공감입니다. 감정과 욕구를 알아차리는 자기공감을 통해 외부의 말과 상황이 아닌 내면에 집중할 때 평화를 유지할 수 있습니다. 보다 용기를 내서 상대방에게 직접적으로 이야기할 수도 있습니다.

"뭔가 서운한 게 있었니? 다른 결과를 기대했었어?"

상대방이 하는 비난과 비판은 나에 대한 말이 아니라, 상대방이 그동안 해온 익숙한 방식으로 자신의 고통을 표현하는 것입니다. 내가 적절한 표현 방식으로 말하지 못한 것처럼, 상대방 역시 적절한 방법을 알지 못해 습관으로 굳어진 말을 할

따름입니다. 원래 말주변이 없거나 타고난 성격과 성향 때문이 아닙니다. 자기공감을 통해 자신의 감정과 욕구에 집중한 것처럼, 상대방의 감정과 욕구에 집중하고 공감할 때 비난과 비판의 말에서 벗어나 연결의 대화를 할 수 있습니다.

- **자녀가 학원을 빠지고 아이돌 생일 파티에 간다고 할 때**
  그걸 말이라고 해? 너 미쳤어? 아이돌이 네 인생 책임져 주니? 정신 차려!

- **본질대화**
  엄마는 네가 학원에 가지 않고 아이돌 생일 파티에 간다는 말을 들었을 때(관찰), 당황스럽고 기운 빠지고 실망했어(감정). 엄마는 주어진 시간을 효율적으로 활용해서 네가 원하는 대학에 들어가기를 바라거든(욕구). 엄마의 이야기에 대해서 너는 어떻게 생각해?(부탁)

우리가 불평, 불만, 비난, 비판을 할 때 어떤 마음일까요? 편안하고 안정적인 상태에서는 하지 않습니다. 불평, 불만, 비난, 비판은 채워지지 않은 욕구로 인한 잘못된 표현 방식일 뿐입니다. 욕과 험한 말이 튀어나올 정도로 채워지지 않은 욕구는 무엇일까요? 얼마나 마음이 힘들면 그런 말이 나왔을까요? 드러난 말 뒤에 숨어있는 욕구를 인식하세요. 말은 껍데기일 뿐 본질이 아닙니다.

── 다른 사람에 대한 비판은 충족되지 않은 자기 욕구의 표현이다.

- 마셜 로젠버그

말의 겉모습이 아닌 말 뒤에 숨어있는 감정과 욕구를 바라보세요. 험한 말이 튀어나올 정도로 손상되고 채워지지 않은 욕구에 초점을 맞추세요. 비난과 비판으로 바뀌는 것은 아무것도 없습니다.

감정 뒤에 숨은 욕구를 알아야 소통할 수 있다

대화가 잘 통하는 사람이 있고, 반면에 잘 통하지 않는 사람이 있습니다. 생각만 해도 말을 꺼내는 것은 물론 마주치기도 싫은 사람이 있지요. 그래서 통한다고 생각하는 사람과는 더욱 더 친밀하고 가깝게 지내고 싶어합니다. 혹은 바로 옆 자리 친구나 동료처럼 가까이 지낼 수밖에 없는 환경 때문에 자연스럽게 가까워져서 통하는 사이가 되기도 합니다.

그렇다면 통하는 사람이란 어떤 사람일까요? 그 중에서도 대화가 잘 통하는 사람은 어떤 사람이고 어떤 특징이 있을까요? 내 이야기를 잘 들어주고(경청), 맞장구(공감 또는 동의)를 잘 쳐주는 특징이 있습니다. 이런 일반적인 특징 외에도, 대화가 잘 통하는 사람과 이야기를 하면 생각과 느낌을 온전히 공감받고 이해 받았다고 여깁니다. 그래서 상대방을 이해심과 배려심이 많고, 자신과 비슷한 사람이라고 생각합니다. 이런 이유 때문에 교제를 시작하고, 결혼을 했다는 경우가 많습니다. 하지만 정말로 상대방이 이해심 많고 공감을 잘 하고 배려심이 많은데다, 나와 비슷한 가치관을 갖고 있어서 대화가 잘 통한 걸까요?

우리는 일반적으로 결이 맞는 사람과 대화가 잘 된다고 생각합니다. 그래서 취미나 직업, 고향, 경제력, 종교, 학력과 같은 외부 요인이 비슷하고 공통분모가 있는 사람끼리 어울리게 됩니다. 유유상종, 동병상련의 이치지요. 아무래도 조건이 비슷한 사람끼리 통하기 쉽습니다.

그렇다면 소통은 처음부터 잘 통하는 사람을 선택해야 하는 선택의 문제일까요? 처음부터 제비를 잘 뽑아야 했는데, 잘못 뽑아서 불통의 시간을 겪는 걸까요? 통한다고 생각하는 사람들의 공통점에는 어떤 점이 있을까요? 경청과 맞장구, 이해심과 배려심을 제외하면 어떤 특징이 있을까요? 그런데, 의외로 거침없이 직설화법을 쓰는 데도 불구하고 상처받기는커녕 소통이 잘 되는 사람이 있습니다. 대체 무엇 때문일까요?

내 이야기를 경청하고 맞장구친다고 소통이 잘 된다고 하지 않습니다. 소통의 핵심은 '내면의 욕구'입니다. 내면의 욕구를 채워 준 사람과 말을 하고 싶고, 또한 하게 됩니다. 길거리에 지나가는 아무 사람이나 붙잡고 걱정거리를 말하거나 축하받고 싶어 하지 않습니다.

새 학기를 맞아 어색함이 감돌 때 먼저 말을 건네준 친구, 입시에 실패해 두려움과 스트레스에 시달릴 때 말없이 따뜻한 식사를 차려준 엄마, 실직으로 속앓이를 할 때 술이나 한잔 마시자며 불러준 친구처럼 자신의 욕구를 충족시켜 준 사람과 대화를 나누고 싶어합니다. 그리고 이들과는 말이 아닌 대화, 진정한 소통을 한다고 여깁니다.

이렇게 내면의 욕구를 알게 모르게 채워 준 사람을 안전기지로 여기기 때문에, 다른 사람에게는 말할 수 없는 비밀은 물론 일상을 공유할 수 있습니다. 이들과 대화를 나누면 다른 의견과 입장을 지녀도 그동안 채워진 욕구와 긍정적인 감정 덕분에 일희일비하거나 갈등과 다툼으로 쉽게 번지지 않습니다.

상대방이 이해심과 배려심이 많고, 결이 맞아서 통한 것이 아닙니다. 욕구가 채워진 상태에서 대화를 나누기 때문에 불통이 아닌 소통을 할 수 있습니다. 닫힌 마음이 아닌 열린 마음으로 말이지요. 대화는 상대방의 이해심과 배려심에 달려있지 않습니다. 소통과 불통은 오직 나에게 달려있습니다.

　소통은 상대방이 아닌 나 자신의 문제입니다. 생각만 해도 머리 아프고 힘든 사람을 떠올려 보세요. 어떤 감정이 느껴지시나요? 답답함, 막막함, 짜증, 속상함, 심란함, 공허함, 분노, 서글픔, 화, 외로움, 원망, 억울함 같은 감정을 느낄 수 있습니다. 그리고 감정 뒤에 숨어있는 욕구를 찾아보세요. 사랑, 인정, 관심, 공감, 이해, 협력, 상호성, 수용, 지지, 안정, 인정, 자기보호, 돌봄, 홀가분함, 자유, 정직, 평등과 같은 다양한 욕구가 채워지지 않아서 느낀 감정입니다.

　물론 한두 번의 불통으로 이렇게 감정이 힘들어 지지는 않습니다. 계속해서 채워지지 않은 욕구 때문에 그 사람만 생각하면 머리 아프고 힘든 반응이 일어나게 된 것입니다. 그래서 이런 사람과는 말해봤자 뻔하다는 생각에 대화 자체를 회피하거나 거부하게 됩니다.

　반드시 기억하세요. 대화의 기본은 내면의 욕구입니다. 저 사람과는 대화를 왜 하고 싶은지, 혹은 하고 싶지 않은지 상대방이 아닌 나의 내면의 욕구에 집중해보세요. 욕구를 알아야 불통에서 벗어나 소통할 수 있습니다.

KEY POINT

소통과 불통 모두 상대방이 아닌 나에게 달려있습니다. 어떤 욕구가 충족되지 않아서 불통에 이르렀는지 적어보세요. 충족되지 않은 욕구를 채울 수 있는 다른 방법이 있다면 방법까지 작성해 보세요.

_____

_____

_____

먼저 자신과 좋은 관계를 맺어라

수면제를 끊으며 쓰기 시작한 감정 일기는 저의 삶을 변화시켰습니다. 삶의 밑바닥에 떨어지니 없던 용기를 낼 수 있었습니다. 처음으로 온전히 아무런 판단 없이 감정을 있는 그대로 느끼고 받아들였습니다. 있는 그대로의 감정을 수용하면서 그토록 원하던 자유를 누리게 되었습니다.

오랜 세월 감정에 얽매어 있던 제가 이제는 어떤 감정도 판단하지 않고 수용합니다. 제 감정을 판단하지 않으면서 아이들은 물론, 다른 사람의 감정 역시 함부로 판단하거나 비난하지 않게 되었습니다. 감정은 감정 자체의 문제가 아닌 감정 뒤에 존재하는 욕구로 인해 느낀다는 사실을 알기 때문입니다. 욕구와 감정은 어떤 것도 옳거나 잘못된 것이 없습니다. 단지 욕구를 충족하기 위한 방법에 문제가 있을 뿐입니다. 문제가 있다면 방법에 변화를 주면 되지요.

돈이 없어서 며칠 동안 굶은 사람이 안락한 곳에서 맛있는 음식을 먹고 쉬고 싶은 것에 문제가 있을까요? 이 사람의 욕구에는 아무런 문제가 없습니다. 다만 욕구를 채우기 위해 정당하고 합법적인 방법 대신 도둑질과 강도처럼 불법적인 방법을 선택했을 때 문제가 됩니다. 사랑받고 주목받고 싶은 사람의 욕구에는 아무 문제가 없습니다. 단지 욕구를 채우기 위해 거짓된 정보를 SNS에 올리거나, 분수에 맞지 않는 과소비와 그릇된 행동을 할 때 문제가 될 수 있습니다.

이처럼 우리가 겪는 갈등과 오해는 감정과 욕구가 아닌 방법의 문제입니다. 이 사실을 깨달은 후, 저는 욕구와 감정 자체를 탓하지 않고 방법에 변화를 주기 시작했습니다. 기존의 방식에서 벗어나 다른 방법을 선택했을 때, 처음에는 어색함과 불안감이 몰려왔습니다. 하지만 방법을 바꾼 후, 서서히 아이들의 표현 방법과 삶을 대하는 방식 역시 변화하는 것을 보고 바른 선택이라는 확신을 지니게 되었습니다. 무엇보다 이 선택이 아이들의 변화를 이끌어 내기 위한 희생과 헌신이 아닌, 저를 살리고 변화시키기 위한 진정한 사랑의 욕구에서 출발했다는 점에서 자부심마저 느꼈습니다.

　인생을 변화시키기 위해 필요한 것은 대단하고 특별한 방법이 아닙니다. 삶을 유지하는 핵심 요소 중 하나인 인간관계, 특히 사랑하는 사람과 좋은 관계를 유지하는 방법 역시 마찬가지입니다. 나와 좋은 관계를 맺을 때, 다른 사람과 좋은 관계를 맺을 수 있습니다. 그리고 나와 좋은 관계를 맺기 위해서는 반드시 자신의 감정과 욕구를 알고 인식해야 합니다.

다른 사람과 좋은 관계를 맺기 전, 나 자신과 좋은 관계를 맺어야 합니다. 모든 관계의 기본은 나와 내 관계에 있습니다. 다른 사람과 관계를 맺기 힘들다면, 먼저 나와의 관계부터 점검해보세요.

모든 선택은 나에게 달려있다

저의 소통법은 '본질적으로 말하고 연결하는 대화'이기 때문에 '본질대화'라는 이름을 붙였습니다. 본질대화라는 단어만 들으면 복잡하고 어려울 것 같지만, 지금까지 소개한 것처럼 결코 어렵지 않습니다. 기본적인 틀만 인지하면 언제, 어디서나 불통을 소통으로 변화시킬 수 있습니다.

단, 무엇이든 단번에 변하지 않는다는 점은 꼭 기억하세요. 나도 나를 변화시키기 어렵습니다. 그러니 상대방은 오죽할까요? 대화를 통해 상대방을 변화시키고 말겠다는 마음을 버리고, 내 변화에 집중하세요. 내가 먼저 변화해야 합니다. 내가 변하지 않으면 다른 어떤 것도 변하지 않습니다. 그리고 '될까? 안 될까?' 의심하지 마세요. 원하는 것을 이루고 꿈을 이룬 사람들의 가장 큰 특징은 바로 '된다고 믿은 것' 입니다.

저 역시 속상하고 좌절하고 낙담한 날이 많았습니다. 하지만 제가 변하고 아이들이 변화할 수 있다는 사실을 믿어 의심치 않았고, 결국 믿음대로 되었습니다. 먼저 자기 자신과 충분히 본질대화의 시간을 보낸 후 자녀에게 시도하세요. 물론, 자녀뿐만 아니라 누구에게나 활용할 수 있습니다.

본격적으로 감정과 소통, 내면과 욕구를 공부하면서 저는 한 가지 의문점이 생겼습니다. '동일한 상황에서 왜 사람마다 전혀 다른 반응이 나타날까?' 성격과 성향, 자신만의 경험과 지식, 살아온 습관과 관습 때문이라는 설명으로는 무언가 부족했습니다. 욕구의 차이인가 생각해봐도 충분한 답이 나오지 않았습니다.

버스를 타고 가다 역주행을 한 차 때문에 교통사고가 나서 찰과상을 입었다고 생각해 보세요. 어떤 생각이 가장 먼저 드시나요? '운전을 대체 어떻게 한 거야? 핸들을 잘 꺾었어야지!, 백 퍼센트 음주 운전일거야. 음주운전은 사형시켜야 해, 미친 놈 때문에 죽을 뻔 했잖아! 재수 없어, 아침에 일어날 때부터 기분이 싸하더니 역시나… 올해 운수가 안 좋다고 하더니 진짜 그렇네, 교통사고 후유증으로 나이 들어서 생고생 하면 어떡하지?, 이만하기 정말 다행이야, 액땜한 걸 보니 좋은 일이 생기려나 봐, 천만다행이다, 크게 다치지 않아서 감사해' 등등.

동일한 사건을 겪어도 반응은 천차만별입니다. 왜 이렇게 다른 반응이 나타날까요? 사건 사고뿐만 아니라 비슷하고 평범한 일상에서도 각기 다른 반응이 나타납니다. 크게 부정적인 반응과 긍정적인 반응으로 나타납니다. 이러한 반응은 개인의 성격과 성향, 경험과 지식, 습관과 관습에 의해 영향을 받지만, 그보다 핵심적인 요소가 있습니다.

사건 사고의 종류와 관계없이 '나'에게 선택권이 있다는 사실을 인식하는 사람은 습관적인 반응이 아닌 원하는 반응에 초점을 맞추고, 주도적인 인생을 삽니다. 저는 오랜 기간 선택권이 나에게 주어져 있다는 사실을 알지 못했습니다. 그래서, 매 순간 자극에 끌려 다닌 채 습관적인 반응을 일삼았습니다. 제가 아닌 외부를 바꾸기 위해 노력했고, 상처 주는 말과 듣기 싫은 말을 하는 사람들을 미워하고 원망하는데 많은 시간을 쏟았습니다.

— 자극과 반응 사이에는 공간이 있다. 그 공간에서 반응을 선택할 수 있는 힘과 자유가 있다. 그리고 그 반응에 따라 우리의

행복과 성장이 결정된다.

― 빅터 프랭클, 《죽음의 수용소에서》 중에서

상대방으로부터 어떤 말을 들었을 때(자극), 어떻게 반응할지 생각하고(선택), 생각한대로 말과 행동을 하는 것(반응), 이중 선택과 반응은 상대방이 아닌 나에게 달려있습니다. 이렇듯 선택권은 언제, 어디서나 나에게 있지만, 인식의 부재와 무지로 서로가 서로에게 상처를 주는 악순환에 빠져있는 것이 우리가 기존에 해왔던 대화입니다.

듣고 싶은 말을 들은 후 미소와 감사로 화답하는 것은 당연하게 여깁니다. 또한 듣기 싫은 말을 듣고 나서 굳은 표정으로 화를 내는 것 역시 당연하게 생각합니다. 하지만 교통사고 예시와 마찬가지로, 듣기 싫은 말을 들은 상황에서도 자신의 욕구와 감정에 초점을 맞춘 후 반응할 수 있습니다. 그것은 오로지 나의 선택입니다.

저는 이 사실을 깨닫고 충격에 사로잡혔습니다. 저에게는 아무것도 주어진 것이 없다고 생각했는데 전혀 그렇지 않았습니다. 선택은 자유에 대한 인식에서 출발합니다. 선택하지 않는 사람은 자신에게 주어진 자유를 온전히 누리지 못하는 사람입니다.

나에게 주어진 선택권으로 무엇을 선택할까요? 그동안의 말은 선택의 존재를 인식하지 못한 채 한 '말'입니다. '말'은 상처를 남기지만 '대화'는 연결과 이해, 공감과 사랑을 전합니다. 내가 선택할 때 자녀 역시 선택하는 자유인으로 성장할 수 있습니다.

KEY POINT

삶은 매 순간이 선택입니다. 선택할 수 없는 순간은 단 한 순간도 존재하지 않습니다. 생각, 감정, 말과 행동 같은 반응에 대한 모든 선택은 자신에게 있습니다. 나는 무엇을 선택할 수 있을까요?

나는 자녀에게 안전기지가 되고 있는가?

어떤 사람과 이야기를 하고 싶으신가요? 말 한 마디도 꺼내기 싫은 사람이 있는가 하면, 만나기 전부터 할 말이 산더미처럼 쌓여서 입이 근질거리는 사람이 있습니다. 안타깝게도 현실의 부모와 자녀는 설렘과 기쁨으로 입이 근질거리는 대상이라기 보다는, 책임과 의무감에 말을 던지는 관계인 경우가 많습니다. 부모는 대화가 아닌 간섭과 통제의 잔소리를 대화로 착각하고, 반복적인 잔소리에 노출된 자녀는 입을 다물거나 다른 안전기지를 찾아 방황합니다.

사람은 누구나 저마다의 안전기지가 있습니다. 집이 안전기지인 사람도 있고 카페, 교회, 성당, 스터디카페, 서점, 극장, 운동장, 공원, 친구 집, 시골집, 친구, 선배와 후배, 선생님, 조부모와 친인척이 안전기지인 경우도 있습니다.

집은 나에게 어떤 공간인가요? 안심하고 평온한 가운데 휴식을 취하고 몸과 마음을 이완할 수 있는 곳인가요? 아니면 집에서도 독립적으로 사용할 수 있는 내 공간에서만 가까스로 안온함을 느끼나요? 우리 집은 어떤 공간일까요? 나와 자녀 모두에게 어떤 의미인지 생각해보세요. 그리고 물리적인 공간을 넘어서, 내가 자녀에게 안전기지가 되고 있는지 자녀의 입장에서 생각해 보세요.

평가, 비난, 비판, 불평, 불만, 조언, 충고, 신세한탄, 잔소리, 명령, 단답형의 말로 채워진 곳은 안전기지가 될 수 없습니다. 대화의 분량과 주도권에 있어서도 분량이 넘치면 안전기지가 되기 어렵습니다. 사람의 70%는 듣기보다 말하기를 좋아합니다. 그래서 대부분은 자신의 말을 들어줄 사람을 찾습니다. 하지만 아무에게나 말을 하고 싶지 않기 때문에 안전하고 믿을 만한 대상을 찾습니다. 그래서 아무 말 하지 않고 잘 듣기만 해도 상대방에게 좋은 인상을 남겨줄 수 있습니다. 여기에 소통을 잘하는 사람, 믿을만한 사람, 이해심이 많은 사람이라는 타이틀도 부여받을 수 있습니다. 그저 듣기만 했는데 말이지요.

대화에서 내가 차지하고 있는 비중은 어느 정도인가요? 대화는 공을 주고받는 탁구와 같습니다. 어느 한쪽에 힘이 쏠리고 힘과 방향에 적절한 반응을 하지 못하면 바로 점수를 잃습니다. 대화 역시 마찬가지입니다. 힘의 균형이 한쪽에 몰리면 힘을 잃었다고 느끼는 쪽에서 대화를 포기하거나 중단합니다. 물론 항상 균형을 맞추거나 5대5의 비율을 유지할 수는 없습니다. 그러나 소통은 많은 말을 하기 위함이 아닙니다. 진정한 소통과 연결을 위해 대화한다는 사실을 기억하세요.

요점만 간단히 말하세요. 인식한 감정과 욕구를 적절한 방식으로 부탁하는 것, 때로는 축하와 감사를 표현하는 것이 대화의 전부입니다. 말이 길어지는 것은 무엇을, 왜, 어떻게 해야 하는지 모르기 때문입니다.

- **자녀가 밤에 성적표를 보면서 울고 있는 것을 봤을 때**

  엄마는 네가 밤에 성적표를 보면서 울고 있는 것을 봤을 때(관찰), 걱정이 되고 궁금하기도 했어(감정). 힘들고 속상한 일이 있으면 같이 이야기하면 좋겠어(욕구). 내일 학교 다녀와서 엄마와 이야기할 수 있을까?(부탁)

이렇게 목적을 상실하지 않고 서로 소통할 때 짧은 대화의 안전기지가 될 수 있습니다.

누구나 안전기지에서 대화하고 싶습니다. 안전기지로 여기는 공간과 대상을 떠올려 보세요. 그 장소와 대상이 떠오른 이유는 무엇인가요? 나는 자녀에게 안전기지가 되고 있는지 생각해보세요.

본질을 잃지 않는 단 한 사람이 필요하다

대화에는 몇 명이 필요할까요? 최소한 두 사람이 있어야 주고받으며 대화를 나눌 수 있습니다. 대화에 필요한 최소 인원은 두 사람이지만, 소통에 필요한 것은 단 한 사람입니다. 대화는 공을 주고받는 탁구 같아서 한쪽에 힘이 쏠리면 점수를 잃고 갈등이 생기기 마련입니다. 그런데 대화는 승리를 목적으로 하는 경기가 아닙니다. 대화의 목적은 승리가 아닌 연결입니다. 연결로 가는 길에는 갈등과 다툼, 불안과 두려움, 짜증과 화가 아닌 즐거움과 기쁨, 행복이 있습니다. 탁구 경기에서 승리가 아닌 친목과 단합을 위한 목적을 갖고 있을 때는 지거나 이기는 것에 큰 의미를 부여하지 않습니다. 실력이 좋은 사람과 경기를 해도 가볍고 즐거운 마음으로 임할 수 있습니다. 오히려 경기를 통해 실력을 향상시키고 동기를 부여받는 계기가 될 수 있다고 생각합니다.

대화 역시 마찬가지입니다. 한 사람만 소통과 연결의 목적을 인식하고 있으면 대화의 목적을 잃은 채 방황하지 않습니다. 한 사람의 공감, 이해, 경청, 유연한 반응이 대화의 질을 향상하고 연결을 가능하게 합니다.

연결의 대화는 상대방에게 달려있지 않습니다. 물론 상대방이 나보다 먼저 열린 마음으로 본질대화를 한다면 더할 나위 없겠지만, 아무래도 드물겠지요. 내가 먼저 수많은 자극 가운데 무엇을 선택할지 결정하고, 결정한대로 반응해야 합니다. 때로는 수차례의 노력이 물거품으로 사라지는 것 같을 때도 있습니다. 천지가 개벽해도 눈 하나 깜짝하지 않을 것 같은 상대방 때문에 좌절감을 느끼고 두려움에 사로잡힐 수도 있습니다.

상대방의 변화보다 중요한 것은 나의 변화와 성장입니다. 한 단계 성장해 성숙의 열매를 맺는 나 자신에게 집중하세요. 모든 사람, 모든 대화를 성장과 성숙의 기회로 누리세요. 누린 만큼 진정성 있는 연결과 소통이 찾아옵니다. 연결, 그리고 소통의 시작과 마무리는 나에게 달려있음을 기억하세요.

KEY POINT

소통에 필요한 것은 단 한 사람입니다. 사공이 많으면 배가 산으로 가지만, 본질을 잃지 않는 단 한 사람만 있으면 목적지에 안전하게 도달할 수 있습니다.

자녀와 부모가 상처받은 이유는 표현 방식의 차이 때문이다

　오랜 기간 저는 대화의 옳고 그름에 집착했습니다. 이기는 대화, 판결의 대화에 에너지를 쏟았습니다. 그것이 바로 사랑이며 헌신, 모성애와 책임이라고 여겼기 때문입니다.

　안타깝게도 저뿐만 아니라 많은 부모님들이 저와 같은 실수를 저지릅니다. 실수를 인정하고 보완하면 다행인데, 대부분은 자신의 실수를 보지 못한 채 오히려 사랑으로 대표시되는 개인적인 욕구에 함몰됩니다. 욕구를 충족하기 위해 수단과 방법을 가리지 않는 것은 물론, 잘못된 방법을 나날이 강화하는데 총력을 기울입니다. 소리를 지르고, 눈을 부라리고, 욕을 하거나 아예 입을 꾹 다물기도 합니다. 때로는 물건을 집어 던지고 손찌검을 하거나, 맡겨진 책임을 거부합니다. 시간이 지날수록 큰 소리는 더 큰 소리로, 가벼운 욕은 험한 욕으로, 등짝을 내리치던 손은 어느덧 발이 되지만, 오로지 자신의 욕구를 채우기에 급급해 방법의 중요성은 인식하지 못합니다.

"다른 집 아이는 그 정도로 되지만, 우리 집 아이는 그렇게 해서는 말이 통하지 않아요."

"아유, 좋게 좋게 말해서 되면 진작 됐죠. 저도 제가 이렇게 과격해질 줄 몰랐어요."

"딸이면 이렇지 않을 거예요. 아들만 둘을 키워 보세요. 절로 욕이 발사돼요. 누군 그렇게 하고 싶어서 하나요?"

"말을 해서 듣는 애들은 태생이 순해서 엄마 말을 듣는 거예요. 근본적으로 사납고 독한 애가 있는데, 저희 애가 딱 그래요. 남편 어릴 때랑 똑같대요."

"몰라서 안 하는 게 아니라, 그걸로 되는 애가 아니라서 그래요."

많은 부모님들이 일반적으로 자신의 방법이 올바르지 않다는 것은 인지합니다. 하지만 그럼에도 그동안 행한 자신의 방법을 고수하고, 정당성과 합리성을 부여하기 위해 부연설명을 덧붙입니다. 다른 방법이 있어도, 심지어 모두를 위해 더 나은 대안이라는 사실을 인식해도 기존의 방법을 철저히 고수하려고 합니다.

한두 번 올바르지 않은 방법으로 욕구를 충족하면 이내 그 방법은 정당성을 갖게 되고, 거기에 예외성까지 인정받게 됩니다. 욕구가 채워지지 않아서 불편하고 불만족스러운 상황이나 내 뜻대로 되지 않는 상황에서는 자신의 방법을 그대로 고수해도 된다는 예외적 정당성을 부여합니다.

그러면 자녀가 버릇이 없어서, 말을 안 들어서, 성적이 낮은데 수시로 학원을 빠져서, 험한 세상에 불안하고 걱정돼서, 게으르고 성실하지 않아서, 고마운 줄 몰라서, 부모를 우습게 본다는 표면적인 '무엇what'에 집중해서 갈등과 다툼이 일어나게 됩니다. 가장 심각한 문제는 관계를 단절시킨 '방법how'의 중요성을 외면한다는 사실입니다.

지금까지 대화에 있어서 '욕구'라는 본질의 중요성을 강조했습니다. 하지만 욕구 자체에만 과몰입하면 잘못된 방법에 대한 문제는 간과한 채 오히려 그 방법을 고수하게 됩니다. 그동안 번번이 갈등과 오해를 불러일으켰음에도 불구하고 익숙한 방법을 놓지 않습니다.

자녀와 부모가 상처를 받은 이유는 '무엇what' 때문이 아닙니다. 무엇what을 풀어나가고 표현하는 '방식how' 때문에 생긴 상처입니다. 상처에서 벗어나 연결의 대화를 하고 싶다면, 관심을 갖고 자신의 감정을 관찰하세요. 관찰에 따른 감정을 충분히 느끼고, 감정 뒤에 있는 욕구를 인식하세요. 그 다음, 욕구를 충족하기 위해 지혜롭게 부탁하세요.

  연결의 대화는 결코 어렵지 않습니다. 특별한 사람만 하는 것도 아닙니다. 사랑과 믿음만 있으면 됩니다. 지금 바로 시작하세요.

KEY POINT

본질 자체는 갈등을 일으키지 않습니다. 본질을 표현한 방식에서 갈등과 다툼이 일어납니다. 방식은 다양할 뿐만 아니라, 지금 바로 변화시킬 수 있습니다.

남이라 생각하고 예의를 갖춰 대화해보라

"결혼할 때만 해도 남편이 저한테 코스모스 같다고 했어요. 가냘프고 여리다고요. 그런데 그런 사람은 온데간데없어요. 저도 제가 이렇게 억세고 드세질 줄은 몰랐어요. 애들이 아프지 않고, 덜 까다로웠으면 이렇게까지 되지는 않았을 거예요. 딸 없이 아들만 둘이라 더 그런 것 같아요. 매일 최선을 다하는데… 아등바등해도 말이 통하지 않는다 싶으니 화가 머리끝까지 치솟아요. 그럼 저도 모르게 소리부터 지르고 육두문자가 나와요."

알레르기와 아토피가 심한 서준, 서운 형제는 손이 많이 가는 아이들이었습니다. 어릴 때부터 응급실과 병원을 제집처럼 드나들었습니다. 그래서 안쓰러운 마음에 특유의 까칠함과 예민함을 달래고 어르며, 소위 말해서 오냐오냐 키웠습니다. 아이들이 자라며 알레르기는 조금씩 호전되었고 서준, 서운 엄마는 한시름 놨다고 생각했습니다. 하지만 사춘기에 들어서자 서준이는 집에 오면 방으로 직행했고 통 나오지 않았습니다. 어쩌다 말이라도 붙이면 화부터 버럭 내기 일쑤였습니다. 서운이는 매일 늦잠을 자느라 1~2교시가 지나야 간신히 등교를 했습니다.

"이 꼴 저 꼴 다 보기 싫어서 집을 나가 버리고 싶을 정도예요. 저도 할 만큼 했는데 더 이상 뭘 어떻게 해야 할지 이젠 정말 모르겠어요. 큰 거 바라지도 않아요. 행복한 가정까지는 욕심이고 일상의 대화 정도는 큰 소리 내지 않으면서 하고, 제 때 학교에 가기만 하면 소원이 없어요. 그동안 애들을 어떻게 키웠는데요. 두 아이 모두 어릴 때부터 온갖 알레르기로 고생해서 보너스 나오면 애들 한약부터 지어 먹이고, 저한테 쓰는 돈은 아까워서 벌벌 떨었어요. 제 속옷 한 장 사는 것도 아꼈지만 애들한테는 최선을 다했어요. 입는 것부터 운동, 음식, 보약과 영양제는 말할 것도 없고 알레르기 때문에 서울에서도 공기가 좋다는 곳을 찾아서 일부러 여기로 이사 왔어요. 그뿐인 줄 아세요? 삼시 세끼는 물론 간식까지 직접 만들어서 먹였어요. 학교에서 급식이 나오지만 알레르기가 있는 애들 때문에, 그리고 아무래도 집처럼 좋은 재료에 하나하나 맞춰서 나오지 않아서 초등학교 때까지는 도시락도 따로 싸서 보냈어요. 매일 걸레질하고 침구 세탁에⋯ 제가 생각해도 유난스럽다 싶을 정도로 정성을 기울였어요. 자식을 사랑하지 않는 엄마는 없지만 저는 사랑과 헌신 이상으로 한 것 같아요. 친구들을 보면 저같이 하지는 않거든요. 대강, 대충, 설렁설렁. 다들 저보다 편하게 살아요. 물론 다른 애들은 저희 애들처럼 알레르기가 심하거나 몸이 약하지 않아서 그럴 거예요."

"정말 많이 힘드셨겠어요. 힘들다는 말로는 부족할 만큼 애를 쓰셨네요."

"맞아요. 힘들다는 말로는 부족해요. 그런데 이제는 진짜 못하겠어요. 화내고 소리 지르는 것도 너무 지쳐서 그런 것 같아요. 알아달라고 한 건 아니지만, 아무도 제가 이렇게 고생한 걸 모르는 것 같아서 왜 이러고 살았나 싶어요."

"두 자녀 모두 허약하고 알레르기가 있다니 오죽하셨겠어요. 그래서 마음고생, 몸고생도 많으셨고요. 충분히 지치실 만해요. 겪어보지 않으면 모르지요. 말씀하신 것처럼 사랑과 헌신 이상으로, 이렇게 소진될 정도로 하셨는데 왜 그렇게까지

하셨을까요? 아이들이 알레르기가 있고 약하다고 모두 이렇게 하지는 않거든요."

"사랑하니까요. 엄마잖아요."

말도 안 되는 소리라도 들은 것처럼 서준, 서운 엄마의 눈은 순식간에 동그래졌습니다.

"맞아요. 사랑해서 하셨어요. 그런데 아이들이 엄마가 소진될 정도로 해달라고 한 적이 있었나요?"

"아니요. 그런데 애들이 아프니까 할 수밖에 없었어요. 엄마인 제가 아니면 누가 그렇게 해요? 어릴 때는 당연히 챙겨야 했고, 커서는 애들이 알아서 하면 좋은데 하지 않으니까 제가 할 수밖에요. 물론 가끔은 저도 이렇게 무리하지 않아도 된다고 생각했지만, 하지 않으면 마음이 편치 않아서요. 몸이 지치고 고단해도 그게 편했어요. 그런데 이젠 나이도 들고 애들이 엇나가니까 사는 게 지옥이에요."

"사랑으로 하셨지만 사랑 때문에 더 지치고 힘들어지셨네요. 남이라면 이렇게까지 힘들게 하지 않았을 텐데요."

"맞아요. 남이라면 애초에 그렇게 하지 않았죠. 알아달라고 한 것도 아니고 누가 해달라고 한 것도 아니지만, 제가 애들이라면 어떻게 이럴 수 있을까 싶어요. 엄마의 사랑과 진심을 몰라서 저러는 건지…. 정성이 부족했다고 생각하지는 않는데 어떻게 이럴 수 있어요? 뭐, 제 수양이 부족해서 그렇겠죠…."

"사랑과 정성, 수양이 부족해서가 아니에요. 오히려 넘쳐서 그렇다고 볼 수 있어요. 사랑이 크면 두려움도 커져요. 사랑이 식을까 봐, 줄어들까 봐, 떠날까 봐 전전긍긍해서 급기야 사랑의 대상에 대한 존중보다는 통제가 앞서게 돼요. 그리고 준만큼 받고 싶은 게 인지상정인데, 오랫동안 주기만 하고 받지 못했다는 생각이 들면 두려움과 불안은 물론 억울함, 서운함이 몰려와요. 이런 상태가 지속되면 화를 넘어 분노에 이르고요. 안타깝게도 부모와 자녀 사이에 이런 일이 많이 벌어져요. 사랑 자체의 문제가 아니라 사랑에 대한 집착, 그리고 내 방식의 사랑만 고수하는 것이 문제지요. 주고 싶은 사랑과 받고 싶은 사랑에는 엄연한 차이가 존재해요. 자녀가 받고 싶은 사랑에 대해서 생각해 보신 적이 있으세요?"

"아니요…. 그런 생각은 한 번도 해 본 적이 없어요. 그러고 보니 제 최선만 생각하고 산 것 같아요. 그래서 저를 들들 볶다 지치고 힘드니까 빨리 해결하고 싶었어요. 사랑해서 그런 건데 애들은 잔소리로 여기고 버럭 화를 내니까 저도 소리부터 지르고 화내는 게 습관이 된 것 같아요."

"빨리 해결해서 여유를 찾고 싶으셨을 거예요. 그래서 소리 지르고 화를 내셨고, 한두 번 하다 보니 통한 것 같아서 저도 모르게 습관이 된 것 같네요."

"네, 맞아요."

"서준이가 종일 방에 틀어박혀있고, 서운이가 늦잠을 자서 학교에 허둥지둥 갈 때 어떤 감정이 드세요?"

"불안하고 초조하고, 답답하고, 기가 막히고, 슬프고, 화가 나요. 허탈하고 공허하기도 하고 걱정도 돼요."

"말씀하신 감정 뒤에 어떤 욕구가 있을까요? 어떤 욕구가 채워지지 않아서 그런 감정을 느끼셨는지 욕구 목록에서 한번 찾아보시겠어요?"

"홀가분함, 자유, 예측가능성, 안심, 안정, 안전, 자기보호, 협력, 소통, 연결, 공감, 배려, 존중, 이해, 상호성, 사랑이 채워지지 않은 것 같아요."

"그동안은 소리 지르고 화를 내는 것으로 상황을 일단락시키셨어요. 그런데 이 방법은 임시방편일 뿐, 다시 원점으로 돌아간다는 걸 잘 아실 거예요. 게다가 서준이와 서운이는 차치하고, 어머님의 마음이 오히려 더 불편하고 힘들어지셨어요. 혹시 어떻게 하면 좋을지 다른 방법은 생각해 보셨어요?"

"아니요, 그럴 여력도 없고 아무 생각도 안 났어요. 지금도 모르겠어요. 어떻게 하면 되는지 꼭 좀 가르쳐주세요."

"먼저 관심을 갖고 아이들과 연계된 사건과 상황을 '관찰'하시고, 대화에 아무것도 가감하지 않으셔야 해요. 아이들이 한 말에 상처를 받았다면 말을 그대로 옮기고, 행동 때문에 상처를 받았다면 눈앞에 벌어진 행동 그대로 옮기는 거예요. 그리고, 그 상황에서 느끼는 '감정'을 표현하고, 조금 전 저희가 찾은 것처럼 감정 뒤에 있는 '욕구'를 찾아서 이야기하는 거예요. 단, 욕구만 이야기하면 일방적이고 위압적인 소통이 될 수 있으니, 연결을 위해 '부탁'으로 마무리하세요."

"잘 모르겠어요."

"예를 들면, 서준이가 문을 쾅 닫고 방에 들어가서 꼼짝 하지 않고 있어요. 식사 시간이 돼서 밥을 먹으라고 했는데 아무런 대꾸가 없어요. 기다리다 결국 어머님 혼자 식사하고 치우는 상황이에요. 이럴 때 평소라면 어떻게 하세요?"

"종종 있는 상황인데, 나와서 밥 먹으라고 소리 질러요. 지금 식사 안 하면 밥 안 준다고 하고, 나중에 만약 시켜 먹거나 편의점에서 사먹으면 용돈 안 준다고 해요."

"그렇다면 알려드린 방법대로 해볼까요?"

- **느낀 감정:** 맥이 빠지는, 답답한, 속상한, 화나는, 열 받는, 짜증나는, 슬픈, 외로운
- **찾은 욕구:** 배려, 존중, 상호성, 사랑, 연결, 소통, 공감, 이해, 협력, 안도, 예측가능성, 기여, 평화
- **본질대화:** 엄마는 네가 식사 시간에 불러도 나오지 않아서 엄마 혼자서 식사할 때(관찰), 맥이 빠지고, 슬프고 답답했어(감정). 엄마는 너와 함께 식사하고 싶은데, 네 생각은 어때?(부탁)

대화는 뜻대로 상대방을 조종하는 것이 아닙니다. 본질대화의 방법을 이야기하자 서준, 서운 엄마의 낯빛은 어두워졌습니다. 당황과 곤혹, 실망이 가득 담긴 얼굴이었습니다. '이렇게 이야기한다고 뭐가 달라질까? 서준이는 보나마나 어이없는 표정으로 문을 쾅 닫고 들어갈 텐데' 하는 표정이었습니다.

"안타깝지만 대화 한 번으로 상황이 달라지지 않아요. 이렇게 말씀드려서 실망하셨지요? 그럼에도 불구하고 꾸준히 하시면 아이들의 변화보다 어머님 자신의 마음이 편안해지실 거예요. 저도 처음에는 이렇게 대화하는 게 어색하고 낯설었어요. 그래서 익숙한 과거의 패턴이 튀어나왔고, 예전처럼 내키는 대로 말하고 싶었어요. 굳이 신경을 곤두세우고 하나하나

생각하면서 말하고 싶지 않았어요. 원하는 결과가 바로 나오는 것도 아니었으니까요. 아무것도 변하지 않아서 속상한데, 그보다 더 힘든 건 뭔지 아세요?"

"뭐가 더 힘든가요?"

"더 힘든 건 평소와 다르게 말하는 저를 의아하게 쳐다보는 아이들의 눈빛과 변하지 않는 태도였어요. 어떤 날은 무시와 회피로 저를 더 힘들고 아프게 했어요. 하지만 꾸준히 어색함과 낯섦을 뛰어넘은 결과, 대화는 아이들이 아닌 저 자신을 위해 한다는 사실을 깨닫게 되었어요. 소통하고 연결하고, 공감받고 이해받고 안도하고 싶은 욕구가 채워지지 않아서 스스로 상처를 내고 있다는 사실을 말이지요. 저의 욕구가 채워지지 않아서 느낀 슬픔, 속상함, 외로움, 화, 서글픔이었기 때문에 어떻게 하면 욕구를 충족할 수 있을지, 아이들이 아닌 저에게 집중할 수 있었어요"

"집중하면 다른 해결책이 나오나요?"

"집중으로 드라마틱한 해결책과 상응하는 결과가 나오면 좋겠지만 가시적으로 나오지는 않아요. 하지만 감정과 욕구에 집중하면서 다른 사람의 공감을 바라지 않고 스스로 공감할 수 있게 되었어요. 공감은 공감을 낳거든요. 뾰족하고 밉게 말하고 행동하는 아이들의 욕구를 추측하게 되었고, 더불어 이해와 공감까지 가능해졌어요. 우리가 타인에게 이해와 공감 이상으로 바라는 게 있을까요? 신경을 곤두세우고 짜 맞추는 대화에서 벗어나, 진정한 공감을 하면서 소통할 수 있게 되었어요. 그러자 서로의 욕구를 충족하기 위한 다른 방법을 생각할 수 있었어요."

"코치님, 저는 지금도 다른 방법은 생각나지 않아요. 나름대로는 다 해본 것 같아요. 화도 내고 비위도 맞추고 어르고 달래고 당근과 채찍은 다 동원한 것 같아서 더 어려워요. 이야기를 하다 보니 내가 어떻게 키웠는데 이러나 싶은 억울함이 더 들어요."

"댁에 돌아가셔서 먼저 어머님 자신부터 충분히 공감하는 자기공감부터 해보세요. 시간을 정해서 하시면 좋아요. 2주 정도는 자기공감을 하면서 찾은 감정과 욕구를 작성하시고, 감정과 욕구를 토대로 아이들이 아닌 자신과 먼저 대화하세요. '이런 감정을 느낀 건 이런 욕구 때문이었구나. 그래, 많이 힘들었지? 수고 많았어.' 이런 식으로 자유롭게요. 그리고 3주째부터 욕구를 충족하기 위해 어떻게 할 수 있을지 어머님 스스로 할 수 있는 방법을 찾아서 작성하시고 여력이 되시면 방법을 실생활에 적용하세요. 예를 들어볼게요. 서운이가 깨워도 일어나지 않아서 학교에 지각했어요. 이 때의 감정과 욕구를 통한 자기공감과 대화에요."

- **느낀 감정:** 불안한, 초조한, 짜증나는, 맥이 빠지는, 화가 나는
- **찾은 욕구:** 예측가능성, 안도, 안정, 자기보호, 홀가분함, 평탄함, 여유, 질서
- **자기공감:** 나는 깨워도 일어나지 않고 지각한 서운이를 볼 때(관찰), 불안하고 초조하고 짜증나고 맥이 빠지고 화가 났어(감정). 나에게는 예측가능성, 안전, 안도, 안정, 자기보호, 홀가분함, 평탄함, 여유와 질서가 필요해(욕구). 이 욕구를 어떻게 채울 수 있을까? 서운이를 깨우기 전, 심호흡을 열 번 한 후 방에 들어가자. 그리고 소리가 큰 알람시계를 네 개 사서 방 모서리에 비치한 후, 5분 간격으로 알람을 맞춰놓자. 그래도 서운이가 일어나지 않으면 더 이상 할 수 있는 게 없으니 내려놓자. 그리고 서운이가 하교하면 지각에 대해 어떻게 생각하는지, 어떤 계획이 있는지 물어보자(부탁).

"처음부터 이렇게 대화하기 어려우니, 2주 동안은 나의 감정과 욕구를 찾으면서 깊이 공감해주세요. 충분히 공감하면

다음은 수월해요. 공감은 어렵지 않아요. 진정한 원함을 찾아서 인식하고 수용하는 것이 바로 '자기공감'이에요. 자기공감 연습을 충분히 하신 후, 마음이 내킬 때 아이들에게 공감의 대화를 시도해 보세요. 그리고 아이들과 대화할 때 중요한 것은 사랑이 아니에요. 대화와 관계는 예의로 이루어져요."

"예의요?"

"네, 가족에게도 예의가 필요해요. 지금까지 사랑으로 버텼다고 하셨지만, 오히려 대화는 거칠어졌고 관계는 나빠졌어요. 이때 사랑보다 중요한 것은 예의에요. 기본적인 예의를 갖추면 최악을 면할 수 있어요. 남이라고 생각하고 예의를 갖춰서 대화하세요. 아이들이 예의에 반응하든 하지 않든 상관하지 마시고 예의를 차려보세요. 사랑보다 예의입니다."

부모의 모든 말과 행동에는 아이를 향한 사랑이 담겨있습니다. 하지만 사랑은 형체가 없기 때문에 사랑이 온전히 느껴지도록 전달하는 것이 중요합니다. 예의를 갖추는 것이 우선이고, 그 다음이 말과 행동을 표현하는 방법입니다. 방법을 변화시키지 않은 채, 사랑이라는 이름의 폭력을 휘두르면 자녀는 부모의 사랑을 기억하지 못합니다. 자녀에게 남겨주고 싶은 것은 무엇인가요? 사랑인가요, 상처인가요? 사랑을 남겨주고 싶다면, 지금까지와는 다른 방법을 찾아서 실행해야 합니다.

사랑보다 중요한 것, 실생활에 필요한 것은 사랑이 아닌 예의입니다. 다른 사람과 얼굴을 붉히지 않고 괜찮게 지내는 것은 다름 아닌 예의를 지키기 때문입니다. 예의만 지켜도 최악은 면할 수 있습니다.

통제하려고 하면
더 큰 불안에 빠진다

야채를 사고 계산하는데 짐이 많아서 계산이 늦어지던 찰나, 뒤에 서 있던 할머니가 먼저 돈을 건넨 후 포장을 기다리고 있었습니다. 그러자 함께 온 할아버지가 할머니에게 퉁명스럽게 말했습니다.

"좀 기다렸다 차례대로 하면 되잖아. 뭐가 급하다고 돈을 먼저 내? 어차피 봉지에 담느라 기다려야 하는데, 기다리면 큰일 나나? 계산이 잘못될 수 있다고. 이러다 계산 잘못되면 어떡할 거야?"

계산을 마치고 나서는 순간, 계산원이 500원은 누구에게 드리면 되냐고 저와 할머니를 쳐다보며 물었습니다. 그때부터 할아버지의 폭풍 잔소리는 끝이 없었고, 계산원도 이런 걸로 다투시냐며 웃으며 제지했습니다. 처음부터 지켜보던 저는 '저런 남편과 장보러 다니면 혈압 올라서 장보기 전에 죽겠다'는 생각이 들었고, 할머니가 몹시 안타까웠습니다.

어딜 가나 잔소리가 심한 사람이 한두 명은 꼭 있습니다. 이런 사람들은 주위 사람들을 피곤하고 지치게 해서 친하게 지내는 사람도 거의 없습니다. 말만 하지 않아도 중간은 갈 수 있는데, 대체 왜 그렇게 잔소리를 하는 걸까요?

저희 부모님은 잔소리가 많았는데, 특히 아버지가 심했습니다. 어머니는 아버지가 소심하고 취미가 없어서 밖에서 하지 못하는 잔소리를 집에서 한다고 불평했습니다. 그래서 어릴 때는 아버지가 그런 이유로 잔소리를 하는 줄 알았습니다. 하지만 잔소리에는 그보다 중요한 이유가 숨어 있습니다.

바로 불안이 높기 때문입니다. 불안할수록 주위를 통제하고 싶은 욕구가 강합니다. 불안이 높은 사람은 뜻대로 통제하지 못할 때 강박적 불안과 고통을 느낍니다. 퍼즐을 맞추는데 딱 하나가 맞지 않는다고 생각해 보세요. 아무래도 신경 쓰이고 찜찜하지요. 마지막 한 조각만 맞추면 얼마나 개운하고 홀가분할까요? 이처럼 불안도가 높은 사람은 자신이 구축한 세계에서 최선의 안전과 안심 값을 추구하기 때문에 마지막 한 조각까지 완벽히 맞추려고 합니다. 그래서 어떤 상황에서도 적정 값을 계산해 자신의 세계가 침범당하거나 이탈하는 것을 막으려고 합니다.

불안한 사람들은 공통적으로 안도, 예측가능성, 자기보호, 안전, 안정의 욕구가 큽니다. 이것도 저것도 내 마음에 맞아야 안심할 수 있기 때문입니다. 만약 어떠한 자극이 와서 욕구가 채워지지 않으면, 가장 쉽고 빠른 안심 값을 도출하기 위해 잔소리를 합니다. 하지만 그 말들은 본인에게는 정당하고 합리적인 옳은 소리지만, 상대방에게는 잔소리이기 때문에 의도와 다르게 상대방과 마찰이 생기기 쉽다는 점이 문제입니다. 단지 자신을 지키고 보호하고, 안심하고 싶은 일종의 생존 본능인데 말이지요.

생존 본능이라 해도 잔소리로는 원하는 욕구를 채울 수 없습니다. 잔소리의 강도와 빈도를 높여도 상대방과 환경, 사물을 바꿀 수 없습니다. 오히려 바뀌지 않는 모습에 더 큰 좌절과 실망, 불안을 느끼게 될 뿐입니다. 잔소리는 불안이라는 감정에서, 불안은 채워지지 않은 내면의 욕구에서 야기됩니다. 그 누구라도 외부 조건을 자기 마음에 맞게 100% 변화시키고 통제할 수 없기 때문에, 일순간 외부 조건이 변한다고 해도 일시적일 뿐 영구적으로 유지되지 않습니다. 그래서 잔소리의 강도와 빈도를 높이는 것은 무의미할 뿐만 아니라, 자신의 욕구를 정확히 인식하지 못하기 때문에 불안은 줄어들지 않습니다.

세상의 어느 것도 내 뜻대로 할 수 없습니다. 잔소리의 강도와 빈도가 부족해서, 혹은 상대가 내 말을 무시해서 변하지 않는 것이 아니라, 누구나 자신 외에 아무것도 통제할 수 없다는 사실을 명심해야 합니다. 통제할 수 없는 것을 통제하려고 하기 때문에 더 큰 불안에 빠집니다. 동시에 상대방은 변화하지 않으려고 안간힘을 쓰기 때문에 갈등과 다툼의 골은 더욱 깊어집니다.

상대방의 잘못, 그릇된 행동 때문에 잔소리를 하는 것이 아닙니다. 외부가 아닌 자신을 통제할 때 불안에서 벗어나 진정한 연결과 소통이 가능합니다. 통제할 수 있는 나에게 오롯이 집중해 보세요. 잔소리로 자녀의 성적, 취업, 친구 관계, 말버릇, 습관과 태도를 변화시킬 수 없습니다.

잔소리 대신 예측가능성, 안도, 안전, 안정, 자기보호를 충족하기 위해 어떻게 표현할 수 있을까요? 잔소리를 할 때의 내 안의 감정과 욕구를 찾아보세요. 그리고 욕구를 충족하기 위한 다른 방법을 선택해서 부탁하세요.

- **습관적인 말:** 좀 기다렸다 차례대로 하면 되잖아. 뭐가 급하다고 돈을 먼저 내? 어차피 봉지에 담느라 기다려야 하는데, 기다리면 큰일 나나? 계산이 잘못될 수도 있다고. 이러다 계산 잘못되면 어떡할 거야?
- **느낀 감정:** 불안한, 짜증나는, 답답한
- **찾은 욕구:** 예측가능성, 안도, 안정, 자기보호, 협력, 질서, 명확성
- **본질대화:** 나는 당신 차례가 되지 않았는데 먼저 돈부터 내는 모습을 볼 때(관찰), 불안하고 답답해(감정). 나는 순서대로 정확하게 계산하고 싶은데(욕구), 당신 생각은 어때?(부탁)

만약 할아버지가 이렇게 이야기한다면 두 분은 잔소리와 갈등, 다툼이 아닌 다정함과 예의, 배려와 존중으로 해로하시겠지요? 다른 경우에도 이렇게 대화할 수 있습니다.

- **상황:** 새벽까지 밤새 게임한 자녀에게 잔소리가 나오는 경우
- **느낀 감정:** 속상한, 불안한, 걱정되는, 짜증나는, 화가 나는, 우울한, 절망스러운
- **찾은 욕구:** 예측가능성, 안도, 안정, 자기보호, 신뢰, 정직, 일관성
- **본질대화:** 엄마는 네가 밤새고 게임한 모습을 볼 때(관찰), 걱정되고 불안하고 속상해(감정). 엄마는 규칙적인 생활을 통해서 몸과 마음의

건강을 지키고, 너에게 도움 되는 행동을 하면 좋겠어(욕구). 너는 어떻게 생각해?(부탁)

KEY POINT

잔소리로는 아무것도 변화시키거나 통제할 수 없습니다. 주로 어떤 순간에 잔소리를 하는지 상황을 관찰하고, 그때 느낀 감정과 욕구를 작성해 보세요. 그리고 어떻게 하면 욕구를 충족할 수 있는지 방법을 찾아서, 외부가 아닌 자신에게 부탁해 보세요. 욕구는 거창한 방법으로 충족하는 것이 아닙니다. 일상적이고 사소한 방법으로 충족할 수 있습니다.

소통과 공감은 꾸준함이 답이다

감정에 어떤 판단과 평가 없이 공감하고 욕구를 찾는 '자기공감'을 통해 저의 마음이 단단해지고 성장하자, 아이들에게 실제로 대화를 건넬 용기가 생겼습니다. 어쩌면 내면의 대화보다 눈앞에 있는 아이들과의 대화가 더 쉬울지도 모른다고 생각했습니다. 하지만 인생은 매 순간이 변수지요. 뭔가 전과는 다르게 이야기하는 제 모습에 아이들은 거부감을 느꼈고, 의심의 눈초리를 보냈습니다. 때로는 저를 무시하며 회피했고, 공격하기도 했습니다.

자기공감을 할 때는 신기할 정도로 마음속에 따끈따끈한 온기가 차올랐는데, 아이들과 하는 실제 대화는 그렇지 않았습니다. 어떻게 보면 더 이상 상처받고 싶지 않은 마음에서 변화하기로 마음먹었는데, 오히려 상처에 상처가 덧대어 곪아 터지기까지 했습니다.

'엄마가 언제까지 저러나 지켜봐야지. 내가 이렇게 말하는데도 화를 내지 않을 거야? 이런 행동을 하는데도 소리 지르지 않을 거야? 교과서에나 나올법한 말을 계속 하겠다는 거지? 엄마가 이기나, 내가 이기나 어디 해보자고. 얼마 안가서 곧 폭발할 거야.'

대놓고 이야기하지 않았지만, 아이들은 온몸으로 저항했습니다. 그럼 제가 단 한 번도 화를 내지 않거나 소리를 지르지 않았을까요? 창피하지만 그렇지 않습니다. 성장과 성숙의 과정에서도 화를 냈고 소리를 질렀고 째려봤습니다. 하지만 점점 분노의 강도와 빈도가 줄었습니다. 때로는 방에 들어가서 터지는 눈물을 꾹꾹 집어 삼키며 방바닥에 눈물을 떨구었고, 아이들이 잠든 시간에는 꺼이꺼이 소리를 지르며 울기도 했습니다. 왜 내 삶만 이렇게 고달프고 힘든지, 지금까지 나도 충분히 힘들었는데 왜 내가 먼저 말을 건네고 견디고 기다려야하는지 스스로가 애처롭고 불쌍했습니다. 속상하지만, 그렇다하더라도 먼저 알고 배운 사람은 모르는 사람을 이끌어야 할 책임이 있습니다.

무지로 인해 갈등하고 다투며 사람들을 원망하던 시간을 떠올려보세요. 막막하고 절망스럽던 그때, 누군가 건넨 말 한 마디와 내민 손이 어찌나 반갑고 고마운지요. 작지만 큰 도움이 숨통을 트여줍니다. 알면 쉽지만 모르면 숨이 턱턱 막히는 어려움은 나만 갖고 있지 않습니다. 무엇보다 과거의 저처럼 무지와 어둠 속에 갇혀 있는 아이들을 건지고 싶었습니다. 아이들과 소통이 힘들었던 것은 서로에 대한 사랑이 부족했기 때문이 아닙니다. 다른 선택과 실행이 있다는 사실을 몰랐고 믿지 않았기 때문입니다.

다른 곳이 아닌 집이 가장 행복하고 편안한 장소가 되게 하고 싶었지만 방법을 몰랐습니다. 살아온 방식대로 말하면 되는 줄 알았는데, 결과는 희망과 반대였습니다. 그래서 조금은 어렵고 때로는 외롭고 힘들지만, 저를 구하고 아이들을 구해서 행복한 척이 아닌 진정한 행복을 누리기로 결심했습니다.

결심에 필요한 단 한 가지는 '꾸준함'이었습니다. 어떤 상황에도, 어떤 순간에도 흔들림 없이 새로운 방식의 대화를 이어가는 데는 상당한 에너지와 끈기가 필요했습니다. 종종 예전의 습관적인 언행이 튀어나왔습니다. 때로는 좌절했고, 자책했고, 아이들을 원망하고 비난했습니다. 과거의 패턴과 비슷한 모습을 보이는 날도 많았습니다. 그러나 1년이 지나 2년, 그리고 5년… 지금은 제가 꿈꾸던 행복한 가정이 되었고, 아이들과 불통에서 벗어나 소통하게 되었습니다.

솔직히 지금도 공감이 어렵습니다. 결혼 전까지 공감의 말을 들어본 적이 없었고, 공감에 익숙하지 않은 모습으로 지냈던 시간이 길기 때문입니다. 아이들에 대한 사랑이 앞선 나머지 문제를 빨리 해결해주고 싶은 마음도 공감을 방해합니다. 가장이자 엄마, 주부, 작가와 강사, 코치라는 여러 역할을 감당하며 부족한 시간과 체력 때문에 바닥난 공감을 간신히 긁어모아 쥐어짜는 날도 많습니다. 완벽한 공감, 완벽한 소통은 못하지만 그때마다 다시 시작하는 마음으로 공감과 소통을 다듬어갑니다. 때로 몸과 마음이 많이 지치고 소진된 날은 아이들에게 미리 이야기합니다.

"일이 많은 하루를 보냈더니 엄마가 피곤하고 힘들어서 좀 예민해. 그래서 오늘은 너희들의 이야기에 유연하게 반응하기 힘드니 참고해 줘."

부모보다 자녀의 포용력이 훨씬 크고 넓다는 사실을 아시나요? 오늘 하루 서운한 말을 하고 다퉜다고 부모를 외면하거나 용서하지 않는 자녀는 없습니다. 꾸준한 진심은 빙하처럼 단단한 마음도 녹아내리게 할 수 있습니다. 한두 번은 누구나 흉내낼 수 있지만, 진심은 반복으로 알 수 있습니다.

한두 번의 시도로 좌절하고 포기하지 마세요 진심은 반복으로 알 수 있습니다.

자녀의 불완전함을
수용하고 존중하라

본질적으로 말하면 어떤 변화가 생기는지 충분히 이해하셨지요? 이제 실제 대화에 적용하는 일만 남았습니다. 처음부터 잘 하려고 하지 말고, 자신의 감정과 욕구를 들여다보는 것부터 시작하세요. 변화는 나에게서 시작합니다. 나를 이해하고 공감하는 것에서 시작해 서두르지 말고 천천히 나아가세요. 조바심을 낼수록 그르치기 쉽습니다. 감정과 적당한 거리를 두고 욕구 차원에서 인식해야, 지식이 아닌 지혜로 생각하고 말할 수 있습니다.

그럼에도 어떤 순간에는 연결과 소통은 물론이고 대화 자체를 거부하고 싶을 때가 올 수 있습니다. 또한 어떻게 말해야 하는지 인지하고 있음에도 일부러 어깃장을 놓고 반항하고 싶을 때도 있습니다. 저 역시 가끔 '내가 본질대화를 가르치는 사람이 맞나?' 싶을 정도로 말을 내뱉은 후, 얼굴이 뜨거워질 때가 있습니다. 스스로에 대한 실망감과 자괴감은 말할 수도 없지요. 예전에는 이런 순간이 잦았고, 반복할 때마다 자책의 늪에서 한참 동안 허우적거렸습니다. 부끄럽지만 혼자 허우적거리는 것도 모자라 늪 밖에 있는 사람들까지 늪으로 끌어들이곤 했습니다.

이제는 저를 포함한 인간의 불완전함과 연약함을 수용하고 존중합니다. 그 누구도 완벽할 수 없다는 사실, 내가 완벽하지 않은 것처럼 상대방 역시 완벽하지 않다는 사실을 받아들입니다. 그래서 자책과 실망의 늪에 빠지거나 끌어들이지 않고, 후회와 아쉬움 뒤에 있는 욕구를 찾습니다. 충분한 시간을 갖고 저를 이해하고 공감하면서 다독입니다. 억지로 괜찮아지려고 애쓰지 않고 힘내라고 강요하지도 않습니다. 단지 전심으로 마음을 헤아릴 뿐입니다. 이는 제 마음에 대한 헤아림이지, 상대방에 대한 헤아림이 아닙니다. 상대방을 굳이 이해하거나 공감하지 않아도 괜찮고, 연결의 대화를 하지 않아도 괜찮습니다.

한동안은 모든 사람을 다 포용하고 수용하지 못하는 저에게 실망한 적도 있었습니다. 하지만 저는 성인이나 신이 아니고, 앞으로도 그렇게 될 수 없습니다. 불완전함을 수용하면서 저를 완벽이라는 성에 가두지 않기로 했습니다.

안다고, 배웠다고 매번 그대로 따라해야 할 필요는 없습니다. 힘든 감정을 넘어설 수 없다면 그 감정 역시 있는 그대로 받아주세요. 아직은 연결하고 싶지 않은 내 마음부터 존중해 주세요. 사람이기에 완벽할 수 없습니다. 내가 완벽하지 않은 것처럼 자녀 역시 완벽하지 않습니다. 나의 불완전함과 연약함을 충분히 인식하고 받아들여야 자녀도 수용하고 존중할 수 있습니다.

단, 이 한 가지는 기억하세요. 아무리 화가 나도 존재 자체에 대한 부정은 절대 하지 말아야 합니다.

"내가 너 같은 걸 왜 낳았는지 모르겠다. 대체 그러고 왜 사니? 넌 쓸모없는 애야. 너만 없으면 이렇게 힘들지 않을 텐데. 너를 낳은 걸 후회해. 너 아니면 맘 편히 살 수 있어."

자신을 낳은 부모가 자신의 존재 자체를 부정하는 말을 하면 자녀 마음이 어떨까요? 누구보다 자신을 믿고 사랑해야 할 부모가 이런 말을 하면 어떻게 스스로 자신을 사랑하고 믿을 수 있을까요? 자녀의 뿌리는 부모입니다. 부모라는 뿌리가 자녀를 공고히 받쳐주지 않으면 자녀는 스스로 설 힘을 갖추기 전에 시들어버립니다. 꽃이 되고 열매를 맺어야 하는 자녀의 아름다운 미래를 남이 아닌 부모인 내가 망가뜨리게 됩니다. 자녀 혼자서 말라비틀어지지 않습니다. 자녀를 탓하기 전에 내가 자녀를 어떻게 대하는지, 어떤 말을 하고 있는지 돌아보세요. 말 한 마디로 사람을 살리기도, 죽이기도 할 수 있습니다.

자녀 존재 자체에 대한 부정뿐만 아니라 배우자에 대한 부정 역시 마찬가지입니다.

"그럴 줄 알았어, 네 아빠 닮아서 그렇지, 엄마처럼 게으르면 네 앞가림도 못하고 살아, 공부 안 하면 아빠처럼 삼류 대학 나와서 이 모양 이 꼴로 사는 거야, 네 엄마만 안 만났어도 이렇게 살지 않을 텐데…, 뭐 하나 제대로 하는 게 없는 건 제 아빠 똑같네."

자녀의 절반을 구성하는 배우자에 대한 비난과 비판은 자녀 자신의 존재 가치를 무가치하게 하고 자존감을 사정없이 깎아내립니다.

내 눈에는 미흡하지만 아이는 나름대로 최선을 다하고 있습니다. 자녀의 부족함을 보기 전에 나의 기대 수준을 점검하세요. 기대 수준이 너무 높지는 않은가요? 기대와 욕심은 구분해야 합니다. 아이는 내 욕심을 채우기 위해 태어난 존재가 아닙니다. 나의 어린 시절을 돌아보세요. 나 역시 나름대로 최선을 다했습니다.

감정을 그대로 표출하고 하고 싶은 말을 거침없이 내뱉으면서 관계까지 좋기를 바라는 것은 욕심입니다. 하나를 선택하면 하나를 포기해야 합니다. 모든 선택에는 선택하지 않은 것에 대한 포기가 포함되어 있습니다.

내가 원하는 것은 무엇인가요? 자녀를 상대로 옳고 그름을 따져서 승리를 쟁취하고 옳음을 입증하는 말인가요? 아니면 진정한 소통과 연결을 위한 대화인가요?

어떤 순간에도 존재 자체에 대한 부정은 하지 말아야 합니다. 백 번 잘 해도, 단 한 번의 말로 관계를 망가뜨릴 수 있습니다

에필로그

아이의 감정을 온전히 공감하고 이해하는 것

얼마 전 심은 바질 씨앗에서 싹이 트더니 지금껏 잘 자라고 있습니다. 태어나서 처음으로 식물에게 진심어린 사랑과 마음을 주었습니다. 진심은 행동으로 드러나기 마련인지라, 아이들 역시 바질을 향한 제 마음을 잘 알고 있습니다.

싹이 올라온 날은 물론, 이삼 일에 한 번은 바질이 얼마나 컸는지 이야기하며 아이들과 기쁨과 행복을 나눕니다. 문득 큰아이가 저를 보며 말했습니다.

"바질 씨앗 하나에도 이렇게 행복해 하는데, 우리를 낳고 키우면서 엄마가 얼마나 행복해 했을까?"

이 말을 듣는 순간, 세상이 잠시 멈춘 것 같았습니다. 아이가 이런 이야기를 할 수 있는 사람으로 자랐다는 것에 뭉클함과 감사함, 감동과 감격이 몰려왔습니다. 그 어떤 감사와 사랑 고백보다 더 큰 감동이었습니다. 아이가 자신이 특별하고 소중한, 가치 있는 존재로 사랑받고 있음을 인식하고 있어서, 더불어 인식을 말로 표현하는 사람으로 자라고 있어서 기쁨과 감사의 눈물이 고였습니다.

아이들이 스스로에 대한 바른 인식을 통해 다른 사람의 감정을 온전히 공감하고 이해하는 사람으로 성장하고 있어서 얼마나 감사한지 모릅니다. 불안과 우울로 힘들어하던 ADHD 아이, 자존감이 낮아서 자존심만 세던 아이가 놀라울 정도로 성장했습니다. 자신의 힘든 감정을 마주하고 싶지 않아서 다른 사람의 감정까지 철저히 외면하고 부정하던 아이가 지금은 자신은 물론 우리를 배려하게 되었습니다.

성장의 동력은 사랑입니다. 아이들을 위한 희생과 책임이 아닌, 저 자신을 위한 사랑을 시작하고 내면과 소통하자 삶이 하나씩 변하기 시작했습니다. 진정한 사랑은 나 한 사람을 넘어 우리를 변화시키고 모두를 살립니다.

변화를 원한다면 지금 바로 나 자신부터 사랑하세요.

안드로메다에서 온 사춘기 아이가
성숙한 지구인으로 성장하길 바라는

부모의 본질대화

초판 1쇄 인쇄 | 2025년 9월 18일
초판 1쇄 발행 | 2025년 9월 29일

지은이　　| 정윤주
펴낸이　　| 전준석
펴낸곳　　| 시크릿하우스
주소　　　| 서울시 마포구 월드컵북로 400 서울경제진흥원 5층 23호
대표전화　| 02-3153-1355
팩스　　　| 02-3153-1356
이메일　　| secret@jstone.biz
블로그　　| blog.naver.com/jstone2018
페이스북　| @secrethouse2018
인스타그램 | @secrethouse_book
출판등록　| 2018년 10월 1일 제2019-000001호

ⓒ 정윤주, 2025

ISBN 979-11-94522-13-3 03590

- 이 책은 저작권법에 따라 보호받는 저작물이므로 무단전재와 무단복제를 금지하며, 이 책의 전부 또는 일부를 이용하려면 반드시 저작권자와 시크릿하우스의 서면 동의를 받아야 합니다.
- 값은 뒤표지에 있습니다. 잘못된 책은 구입처에서 바꿔드립니다.